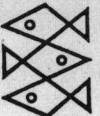

Über dieses Buch Das »Chanson«, so typisch französisch, wie das
»Lied« deutsch ist, gehört in Frankreich allen und wird von allen gehört.
Es ist ein Stück französischer Wirklichkeit und war zu allen Zeiten ein
soziales und politisches Phänomen ersten Ranges, das stets das Wesen
des Volkes reflektierte. Dies macht der historische Rückblick über die
Entwicklung des Chansons deutlich, dessen Anfänge schon weit vor
Villon zu suchen sind.
Der eigentliche Siegeszug des Chansons beginnt aber mit der Mistin-
guett, führt über Maurice Chevalier zu Jacques Brel, Edith Piaf, Juliette
Gréco, Georges Brassens u. a., die mit ihren Chansons vorgestellt
werden. Ein Überblick über das politische Chanson in Deutschland
schließt den Band ab.

Der Autor Felix Schmidt, 1934 in Ettenheim (Baden) geboren, ist
Chefredakteur des Magazins »stern«. Er arbeitete zuvor als Musikkriti-
ker, war Feuilleton-Chef beim »Spiegel« und Fernsehdirektor beim
Südwestfunk. Schmidt lebt in Hamburg.

Felix Schmidt

Das Chanson

Herkunft, Entwicklung, Interpretation

Fischer
Taschenbuch
Verlag

Aktualisierte und überarbeitete Ausgabe des 1968 im damokles verlag
unter dem gleichen Titel erschienenen Bandes

Originalausgabe
Fischer Taschenbuch Verlag
August 1982

Umschlagentwurf: Jan Buchholz/Reni Hinsch
Umschlagfoto: Marion Schweitzer (Photo-Agentur/Bildarchiv), München

Fischer Taschenbuch Verlag GmbH, Frankfurt am Main
© 1982 Fischer Taschenbuch Verlag GmbH, Frankfurt am Main
Satz: Fotosatz Otto Gutfreund, Darmstadt
Druck und Bindung: Clausen & Bosse, Leck
Printed in Germany
980-ISBN-3-596-22979-0

Inhalt

Vorwort

Wer ein Buch über das französische Chanson schreibt – und dies ist das erste vollständige, das überhaupt erscheint –, muß in erster Linie die politische Geschichte Frankreichs studieren. Denn zu allen Zeiten war das Chanson ein soziales und politisches Phänomen ersten Ranges. Es reflektiert stets das Wesen des Volkes, es dokumentiert seine Entwicklung durch die Jahrhunderte. Es ist der treueste Spiegel der Volksstimmung.

In diesem Buch, das in seinen historischen Kapiteln folgerichtig auch ein Abriß französischer Geschichte ist, werden Information und Analyse so geschickt präsentiert, sind mit so viel Wissen und Leidenschaft geschrieben, daß ich einen Roman zu lesen glaubte. Ein Franzose, so scheint mir, hätte diese objektive Studie in dieser Knappheit und Prägnanz nicht zu schreiben vermocht. Wir Franzosen jedenfalls dürfen froh sein, aus der Feder eines Deutschen ein fundiertes Nachschlagewerk des französischen Chansons zu bekommen.

Jacques Canetti

Einleitung

»Wer in Frankreich ein Gedicht schreibt, schreibt ein Chanson«, sagt Boris Vian. Wer in Frankreich ein Chanson hört, hört ein Gedicht. Und diese populäre Poesie, so behaupten alle Franzosen, sei der beste Spiegel ihres Alltags.

Das »Chanson«, so typisch französisch, wie das »Lied« deutsch ist, gehört in Frankreich allen und wird von allen gehört. Es wird in Fabrikhallen ebensogut nachgesungen wie in Hörsälen, es erklingt aus der Musicbox und aus der Hi-Fi-Anlage.

Das Chanson, ein Stück französischer Wirklichkeit, ein Stück Literatur im Volk, wird in Deutschland zu leicht mit dem Couplet, dem Kabarettlied, jenem pseudo-französischen Schlager à la Froufrou, Joujou, Chérie und Dessous verwechselt.

In diesem Buch wird zum erstenmal versucht, einen »Mythos« zu zerstören und Korrekturen an der üblich-falschen Terminologie vorzunehmen.

So hat der Autor stets die Bezeichnung »Chansonnier« vermieden. Ein »Chansonnier« ist im Sprachgebrauch des heutigen Frankreich ein Vaudeville-Kabarettist, ein Entertainer – und die »Chansonnette« gibt es schon gar nicht: »La chansonnette« nämlich heißt: das Liedchen.

An Stelle des falschen Begriffs »Chansonnier« also hat der Autor die französische Terminologie übernommen, die den »Sänger«, der den Text seiner Chansons selbst schreibt, einen »auteur-interprète«, und jenen, der Text *und* Musik verfaßt, einen »auteur-compositeur-interprète« nennt – im Gegensatz zum »Chanteur« oder Nur-Interpreten, der allein fremde Texte und fremde Melodien vorträgt. – Das ist kein Manierismus. Das ist einfach der Versuch, ein Metier klar und sachlich zu bezeichnen.

Von einer Reihe von Chansontexten hat der Autor Prosaübersetzungen angefertigt – doch nur, wenn keine poetischen Übertragungen vorlagen.

Das politische Chanson

Das französische Chanson ist stets ein zeitkritisches Lied. Wie richtig diese Auffassung ist, bestätigt die achtbändige »Histoire de la France par les Chansons«, die annähernd 10 000 historische Chansons überliefert. Kein Volk, das beweist der Historiker Pierre Barbier in dieser Anthologie, hat so ausgiebig, so farbig und so argwöhnisch seine Geschichte besungen wie das französische. Anhand dieser überlieferten Chansons läßt sich mühelos die politische, wirtschaftliche und soziale Entwicklung der Nation rekonstruieren.

Die ersten chansonartigen Gesänge – in lateinischer Sprache noch –, über die ein Bericht vorliegt, sind Kriegslieder, die zur Zeit des Fränkischen Reichs gesungen wurden. Die Soldaten und Untertanen des Königs Chlodwig I. beispielsweise lobten ihren Herrn mit Chorgesang – wie Gregor von Tours, ein schriftstellernder Bischof und Historiker der Merowingerzeit, beschreibt; der Sieg des Merowingerkönigs Chlothar II. über die Sachsen (623) wurde in Liedstrophen verherrlicht, die, so überliefert der Geschichtsschreiber Hildegardus (9. Jahrhundert), »von Mund zu Mund flogen und die Frauen zum Reigentanz animierten«. Sogar Karl der Große sammelte Chansons, die die Heldentaten seiner Vorfahren rühmten.

Im mittelalterlichen Frankreich, wo altfranzösisch gesungen wurde, gab es zwei Arten von politischen Chansons, die den Gesellschaftsschichten der Unfreien und Feudalherren entsprachen: höfische Lieder und Gassenhauer. Die höfischen Sänger – provençalische Troubadours (Langue d'oc) und nordfranzösische Trouvères (Langue d'oïl) – sangen zum Ruhm ihrer Herrinnen, aber damit auch ihrer Herren und deren Herrschaft, wie die Kreuzzugslieder beweisen. So ermunterte Thibaut de Champagne (1201 bis 1253), einer der bedeutendsten Trouvères und selbst ein König (von Navarra), die Standesherren, Burg und Familie zu verlassen, um Gott auch im Orient zu seinem Recht zu verhelfen.

Seigneurs, sachiez: qui or ne s'en ira
En cele terre ou Deus fu morz et vis
Et qui la croiz d'Outremer ne prendra,
A paines mès ira en Paradis.

Vernehmt, ihr Herren: / Wer jetzt nicht in das Land zieht, / In dem Gott lebte und starb, / Wer nicht das Kreuz übers Meer trägt, / Wird kaum ins Paradies eingehen.

Qui a en soi pitié ne remenbrance,
Au haut Seigneur doit querre sa ven-
    jance
Et delivrer sa terre et son païs.

Tuit li mauvès demorrent par deça,
Qui n'aiment Dieu, bien ne honor ne
    pris;
Et chascuns dit: »Ma fame, que fera?
Je ne leroie a nul fuer mes amis.«
Cil sont cheoit en trop fole atendance,
Q'il n'est amis fors que cil, sanz do-
    tance,
Qui pour nos fu en la vraie croiz mis.

Or s'en iront cil vaillant bacheler
Qui aiment Dieu et l'eneur de cest
    mont,
Qui sagement vuelent a Dieu aler,
Et li morveus, li cendreus demorront;
Avugle sont, de ce ne dout je mie.
Qui un secors ne fet Dieu en sa vie,
Et por si pou pert la gloire du mont.

Wer das Mitleid fühlt und die Erinnerung, / Muß den Herrn rächen / Und sein Land, seine Erde befreien.

Die Feigen werden zurückbleiben, / Alle, die Gott nicht lieben, noch die Tat, noch Preis und Ehre, / Und jeder sagt: »Was wird aus meinem Weib? / Um keinen Preis vertraue ich sie meinen Freunden an.« / Diese verfallen in ein törichtes Zaudern, / Denn es gibt, das ist gewiß, keinen anderen Freund als jenen, / Der für uns an das Kreuz geschlagen worden ist.

So machen sich die tapferen Junker auf den Weg, / Die Gott lieben und die Ehre dieser Welt, / Die weise sind und zu Gott kommen wollen, / Und die Furchtsamen, die Tröpfe bleiben daheim. / Blind sind jene, ich zweifle daran nicht. / Wer Gott in seinem Leben nicht einen Dienst erweist, / Der verliert um ein so Geringes seine Ehre in der Welt.

Nach der Zeit der Kreuzzüge dann trat Gott in den Chansons mehr und mehr in den Hintergrund. Die Sänger engagierten sich nun für König und Vaterland. In das Genre dieser anfeuernden patriotischen Gesänge gehört ein volksliedhaftes Gedicht, dessen Autor unbekannt blieb, dessen Komponist Clément Janequin (um 1473 bis etwa 1560) jedoch zu großem Ansehen kam: »Die Schlacht von Marignano.« Das Loblied auf die französischen Söldner, die 1515 bei Marignano die Schweizer schlugen, war so rhythmisch, daß es rasch zu einer Art Nationalhymne gedieh. Zur Zeit Franz' I. durfte das Chanson nur stehend gesungen und gehört werden, die Herren hatten während des Vortrags die Hand an den Degen zu legen.

»Es gab keinen«, so berichtet ein Zeitgenosse, »der sich nicht noch auf die Zehenspitzen stellte, um forscher und größer zu erscheinen, wenn die Hymne auf Marignano erklang.« Eine Ehrendame der Königin Maria de Medici gar ließ sich mit dem Schlachtruf ermutigen, als sie sich zum Sterben niederlegte.

Escoutez, escoutez tous gentis Gallois
La victoire du noble roy Françoys!
Et orrez (si bien escoutez)
Des coups ruez de tous costez.

Soufflez jouez soufflez toujours!
Tornez, virez, faites vos tours,
Fifres soufflez, frappez tambours!
Soufflez, jouez, frappez tousjours!

Adventuriers, bons compaignons
Ensemble croisez vos tromblons;
Nobles sautez dans les arçons,
La lance au poing, hardis et prompts!

Alarme, alarme, chacun s'assaisonne
La fleur des lys, fleur de haut prix y est
  en personne;
Suivez Françoys la fleur de lys, suivez
  la couronne!
Tricque, bricque, chipe, chope, torche,
  lorgne!

Bruyez, tonnez gros courtaults et fau-
  cons,
Sonnez trompettes et clérons
Pour resjouyr les compaignons,
Boute selle, boute selle, donnez des
  horions!

À mort, à mort, courage prenez, frappez dessus!
Gentis galans soyez vaillants, fers
  émoulus,
Zin, zin, zin, ils sont défaicts, ils sont
  perdus!
Frappez, tuez, rompez, ils sont con-
  fondus.

Victoire, victoire, tout e ferlor
Bigott déscampir la tintelore
Victoire, victoire au noble roy Fran-
  çoys!

Hört, hört her, ihr edlen Gallier, /
Hört von dem Sieg des edlen
Königs Franz! / Und vernehmt
(wenn ihr gut zuhört), / Wie es
Hiebe setzt von allen Seiten.

Blast, spielt, blast munter weiter! / Dreht euch und wendet
euch, / Flötenspieler, blas,
Trommler, schlag! / Blast, spielt
und schlagt nur immerzu!

Abenteuerlustige, tapfere Ge-
fährten, / Kreuzt eure Blunder-
büchsen, / Edelleute, springt in
den Sattel, aufs Pferd, / Kühn
und schnell, die Lanze in der
Hand!

Alarm, Alarm, seid bereit, / Die
Lilie, die hehre Blume ist selbst
dabei / Folgt Franz, der Lilie,
folgt der Krone!

Donnert, schießt, Geschütze und
Falkaunen, / Ertönt, ihr Hörner
und Trompeten, / Die Kampfge-
nossen zu erfreuen. / Auf, in den
Sattel, schlagt nur tüchtig zu!

Schlagt sie tot, schlagt sie tot,
nur Mut, schlagt tüchtig zu! /
Edle Herren, seid tapfer, kämpft
mit scharfen Waffen, / Zin, zin,
zin, sie sind besiegt, sie sind verloren! / Schlagt, tötet, zerschmet-
tert, sie sind zerschlagen.

Sieg, Sieg, sie haben verloren, /
Bei Gott, sie räumen das Feld, /
Sieg, der Sieg gehört dem edlen
König Franz!

Bis ein politisches, regierungsfrommes Chanson wieder eine derartige Resonanz fand wie dieses Schlachtlied, vergingen annähernd drei Jahrhunderte. Und das berühmteste ist dann auch das letzte königstreue Lied von dokumentarischem Wert. Es entstand 1792, mitten in der Großen Revolution, als Ludwig XVI. mit seiner Familie im »Prison du Temple« festgesetzt wurde. Das »Klagelied auf Ludwig XVI.«, auf fliegenden Blättern verbreitet – »es verkaufte sich hervorragend«, meldete eine Pariser Zeitung am 29. Oktober 1792 –, wurde von Sängern, die von den Royalisten bezahlt waren, in Cafés und auf der Straße so lautstark angestimmt, daß die Marseillaise, im gleichen Jahr komponiert, vorübergehend in Vergessenheit geriet.

O mon peuple, que vous ai-je donc fait?
J'aimais la vertu, la justice,
Votre bonheur fut mon unique objet
Et vous me traînez au supplice...

O mein Volk, was habe ich dir denn getan? / Ich liebte die Tugend und Gerechtigkeit, / Mein einziges Ziel war euer Glück, / Und ihr schleift mich zur Folter...

Nommez-les donc, nommez-moi les sujets
Dont ma main signa la sentence,
Un seul jour vit périr plus de Français
Que les vingt ans de ma puissance.

Nennt mir sie doch, nennt mir die Untertanen, / Deren Todesurteil meine Hand unterschrieb. / Ein einziger Tag sah mehr Franzosen sterben / Als die zwanzig Jahre meiner Herrschaft.

Si ma mort peut faire votre bonheur,
Prenez mes jours, je vous les donne,
Votre bon roi déplorant votre erreur
Meurt innocent et vous pardonne.

Wenn mein Tod euch glücklich machen kann, / So nehmt mein Leben, ich gebe es euch. / Euer guter König beklagt euren Irrtum, / Er stirbt unschuldig und verzeiht euch.

O mon peuple! Recevez mes adieux
Soyez heureux, je meurs sans peine.
Puisse mon sang en coulant sous vos yeux,
Dans vos cœurs, éteindre la haine.

O mein Volk, ich nehme Abschied von dir, / Seid glücklich, ich sterbe ohne Schmerz, / Mein Blut möge, wenn es vor euren Augen fließt, / Den Haß in euren Herzen löschen.

Literarische Qualität und politisches Gewicht erreichten die royalistischen Chansons nur, wenn Dichter und Sänger ihre eigene Meinung sagen und spontan über die Ereignisse reflektieren konnten. Doch dazu waren sie selten in der Lage. Schließlich hatten sie in erster Linie Auftragsarbeiten anzufertigen, die sich für die Bourbonen engagierten.

Pierre-Jean de Béranger, der große Volkssänger, nennt die Chanson-autoren jener Zeit denn auch im Rückblick die »Schatullen-Barden«.

Die Straßenlieder, satirisch meist, vom Volk ersonnen, vom Volk gesungen, geben als Barometer der jeweiligen politischen Stimmung bessere Auskunft. Im Mittelalter wurden sie von den Vaganten, den Nachfahren der römischen »Joculatores«, vorgetragen – auf Marktplätzen und auf den »Puiys«, jenen Versammlungsorten der französischen Meistersinger.

Einer der bekanntesten Puiy-Sänger war der im 13. Jahrhundert hochgeschätzte Dichter und Gaukler Rutebeuf, der vorwiegend in der nordfranzösischen Stadt Arras seine Lyrik verlas. Rutebeuf klagte vor allem über das harte Los seines Berufsstandes. Er beschrieb das armselige Leben der von Stadt zu Stadt fahrenden Sänger, die, um leben zu können, Taschenspiele und Heilkräuterverkauf auf den Jahrmärkten mit ins Repertoire nehmen mußten.

Zusätzlichen Ärger hatten die Gaukler-Gilden mit dem Gesetz. Zahlreiche Verordnungen, wie beispielsweise das Edikt von 1395, verboten ihnen, auf »Plätzen und woanders Reime oder Lieder über den Papst, den König und den Adel zu singen«. Die Polizei wachte. Im 17. Jahrhundert hatte die Regierung Ludwigs XVI. einen Posten abgestellt, der den Sängern auf der Pariser Pont-Neuf, dem Hauptvortragsplatz, »aufs Maul schaute«.

Kritisch und besonders aggressiv gesungen wurde vor allem in stürmischen und blutigen Epochen. So zur Zeit der Fronde, als das Volk insgesamt 6000 »Mazarinades« über den Kardinal und Minister Mazarin (1602 bis 1661) verfaßte, der seinen Untertanen den letzten Pfennig aus der Tasche holte. Gegen Mazarin, der sich wahrscheinlich heimlich mit Anna von Österreich hatte trauen lassen, ging das Volk auf die Straße. Rutebeuf sang: »Mais je voudrais bien étrangler, notre putain de reyne.« Oder:

Les couilles de Mazarin,
Homme fin
Ne travaillent pas en vain;.
Car, à chaque coup qu'il donne,
Il fait branler la couronne.

Die Hoden von Mazarin, / Dem feinen Mann, / Arbeiten nicht vergebens; Bei jedem Stoß / Wackelt die Krone.

Der Kardinal-Minister ließ die gedruckten Exemplare derlei »abscheulicher Lieder« (Mazarin) beschlagnahmen. Und als er genug davon zusammen hatte, verkaufte er sie heimlich an die Buchhändler. »Im Augenblick sind diese Chansons sehr erfolgreich, wenn ihr geschickt seid, könnt ihr das Dreifache von dem herausholen, was ich euch abfordere« – so läßt Guy Breton den Kardinal in seinem Buch »La chanson satirique« sagen.

In diesen turbulenten Zeiten, und so turbulent wurden sie wieder während der Französischen Revolution, war das Chanson das Journal der Ereignisse, Propagandamittel und politische Waffe zugleich. Mit ihm ließ sich das Volk trefflich aufwiegeln.

Am 5. Oktober 1789 marschierten die Weiber mit einem Lied auf den Lippen nach Versailles, um vor Ludwig XVI. nach Brot zu schreien. Auf die Volksweise »Hier ist das gute Öl, jetzt die Zwiebel dran« dichteten sie während des Marsches ihr »J'allons partir à Versailles«.

J'allons partir à Versailles,
Pour y chercher notr' bon Roi,
Coutt' qui coutte, y faut qu'on y aille,
Trois à quatr' mille avec moi,
Pour ca, j'menn'rons d'la poudre et du
    canon,
Y a la bonne huile, et v'là l'oignon.

Auf Versailles wollen wir machen, / Unsern guten König zu sehn, / Es müssen was kosten die Sachen, / Drei-, viertausend mit mir gehn, / Dazu führn wir Kanonen und Pulver heran, / Hier ist das gute Öl, jetzt die Zwiebel dran.

Pour aller voir Louis Seize
Nos femm' sont comm' des guerriers,
Catau, Fanchon et Thérèse
Vont servir de canonniers,
Notr' cœur enfin ne d'mande que
    Bourbon,
Y a la bonne huile, et v'là l'oignon.

Ludwig den Sechzehnten zu besuchen, / Werden Krieger unsere Fraun, / Therese, Kati, Luluchen / Als Kanoniere sich traun, / Unser Herz hält um den Bourbonen an, / Hier ist das gute Öl, jetzt die Zwiebel dran.

Bell' dam' qui nous regarde
En Amazon' passer,
Y allons vit' la cocarde,
Pour nous y accompagnier,
Et vit' quittez vos chapeaux et pom-
    pons,
Y a la bonne huile, et v'là l'oignon.

Schöne Dam', die uns gewahrte / Als Amazonen ziehn, / Schnell, hier ist die Kokarde, / Begleiten Sie uns hin, / Schnell, geben Sie Hüte und Plunder dran, / Hier ist das gute Öl, jetzt die Zwiebel dran.

Das berühmteste Revolutionslied, das »Ah, ça ira«, entstand, als Pariser Bürger zum Marsfeld strömten, um den Platz für ein Fest der Verbrüderung aller Bürgerwehren Frankreichs am 14. Juli 1790, dem Jahrestag des Bastillesturms, herzurichten.

Es gibt kein noch so unbedeutendes Ereignis in den Revolutionsjahren, das sich nicht in Chansons widergespiegelt hätte. Der Sturm auf die Bastille und das Verbot der Soutane, der Einfluß des Klerus auf die Politik und das Einschmelzen der Glocken, Priesterheirat und Zivilehe, Ehescheidung und Bürgereid, die Pflicht des Ledigen zur Kindesadoption und sogar die funkelnagelneue Guillotine – alles wurde besungen.

Guillotin,
Médecin,
Politique,
Imagine un beau matin
Que pendre est inhumain
Et peu patriotique.
Aussitôt
Il lui faut
Un supplice
Qui, sans corde ni poteau,
Supprime de bourreau
L'office.

C'est en vain que l'on publie
Que c'est pure jalousie
D'un suppôt
Du tripot
D'Hippocrate,
Qui d'occire impunément,
Même exclusivement
Se flatte.

Le Romain
Guillotin
Qui s'apprête,
Consulte gens du métier,
Barnave et Chapelier,
Même le coupe-tête,
Et sa main
Fait soudain
La machine
Qui simplement nous tuera,
Et que l'on nommera
Guillotine.

Guillotin, / Arzt sehr streng / Und
politisch, / Denkt vom Henken
ohne List, / Daß es unmenschlich
ist / Und wenig patriotisch. / Und
sofort / Sucht er dort / Eine
Strafe, / Die den Galgen und den
Strick, / Das Henkeramt mit
Glück / Abschaffe.

Ganz vergeblich man verbreitet, /
Daß die Eifersucht verleitet /
Einen Sproß / Aus dem Troß /
Hippokrates', / Der sich schmei-
chelt, sogar keß, / Straflos zu
töten, des / Primates.

Römer streng, / Guillotin, / Er
macht weiter, / Fragt die Leute
vom Metier, / Barnave und Chapelier, / Sogar den Halsabschnei-
der, / Seine Hand / Rasch erfand /
Die Maschine, / Die ganz leicht
uns töten kann / Und die man
nennt sodann / Guillotine.

Beliebte Chansonthemen waren auch die neuen Feste, die 1793 mit dem
Republikanischen Kalender eingeführt wurden. Mit Hymnen wurde das
Fest des Alters und das Fest der Jugend gepriesen, das Fest der
Ehegatten und das Fest des Ackerbaus, die Feste der Dankbarkeit und
der Duldsamkeit. Gefeiert wurde selbstverständlich auch jenes »Höch-
ste Wesen«, das Robespierre als Inkarnation der Vernunft und Tugend
inthronisiert hatte; selbst das Schicksal der schwarzen Sklaven im fernen
Amerika war Gegenstand eines Liedes. Denn »als Jünger Rousseaus«,

schreibt Pierre Barbier, »waren die blutrünstigen Jakobiner empfindsame Seelen«.

Das Chanson entsprach so sehr der wahren Ästhetik des Volkes, daß Bittsteller vor dem Konvent ihre Anliegen oft nicht aussprachen, sondern vorsangen. Als sich Danton dagegen verwahrte, daß solch ein Lied ins amtliche Bulletin aufgenommen würde, verwies ihn ein Abgeordneter auf den Nutzen patriotischer Gesänge für die Sache der Republikaner. Er dachte an Lieder wie »Le chant de guerre de l'armée du Rhin«, vom Pionieroffizier Rouget de l'Isle zum erstenmal im April 1792 in einem Straßburger Salon gesungen: Es war die künftige »Marseillaise«. Mehr noch, der Konvent ersuchte sogar »alle Talente, würdig der Menschheit zu dienen«, den Fortschritt der Revolution mit Gesängen zu feiern. Das war in einer Zeit, in der fast jeder sich sein eigenes Chanson zusammenreimte, ob Advokat, Professor, Buchhalter oder Bauer, Maler, Limonadenverkäufer, Wachsoldat, Huthändler. Selbst im Gefängnis wurde gesungen. Ein 17jähriger Adliger schrieb in der Conciergerie* einen Tag vor seiner Verurteilung:

Non, rien ne peut se comparer	Nein, nichts läßt sich vergleichen /
A la sombre Conciergerie.	Mit der finsteren Conciergerie. /
Le soleil craint de pénétrer	Die Sonne wagt nicht einzudringen / Durch das Eisengitter. /
La grille de barreaux garnie,	
Mais demain, l'on me jugera,	Morgen komme ich vors Gericht, / Mein Schicksal wird beschlossen. / Das Gericht wird mir / Die
On fixera ma destinée	
Et le tribunal m'ouvrira	
La porte... ou la croisée.	Tür oder den Weg zum Schafott öffnen.

»Das Volk, bisher der bloße Dulder und Beobachter der herrschenden Ungerechtigkeit«, meint der Komponist Jan O. Fischer, »hatte dem Lied in den Jahren seiner politischen Einflußnahme eine neue Qualität verliehen. – Es entstanden in Frankreich zahllose völlig neue Lieder, die... bewußt in das historische Geschehen eingriffen.« Diese »mobilisierenden Elemente« der Dichtung übernahm nun der um »realistische Fülle und Volksverbundenheit« bemühte Pierre-Jean de Béranger (1780 bis 1857) – der berühmteste, bis heute nicht vergessene Name in der Geschichte des politischen Chansons. Seine satirischen, patriotischen und sozialen Chansons – das soziale Genre führte Béranger neu ein – sind »so voll reifer Bilder, so voll Grazie, so voll Geist und feinster Ironie und von einer solchen Kunstvollendung und meisterlichen Behandlung der Sprache«, daß der Dichter »nicht bloß die Bewunderung von Frankreich, sondern des ganzen gebildeten Europas« erregte.

---

* Conciergerie: Berühmtes Gefängnis in Paris, beherbergte während der Revolution die zum Tode Verurteilten vor ihrem Gang zum Schafott.

Der so von Goethe etwas über Gebühr verherrlichte Béranger, Sohn eines armen Schneiders, Buchdrucker und Schreiber in der Kanzlei, »brauchte nur die Abschrift eines neuen Liedes aus der Hand zu geben, und ein paar Tage darauf flog es schon auf den Flügeln des Refrains durch das ganze Land« (Fischer).

Dem Refrain – eine von Béranger konsequent benützte Chanson-Neuerung – maß der Sänger besondere Bedeutung bei: Mit dem nach jeder Strophe wiederkehrenden Grundgedanken des Chansons (wie: »Die armen Fürsten werden untergehen«; »Reicht, Völker, euch die Hand«) wollte er seine Ideen »dem Leser einhämmern«.

Die restaurationsfeindlichen Ideen des Republikaners Béranger verspotteten den Adel, verhöhnten die Jesuiten und provozierten die Polizei Fouchés. Zu erstem Kontakt mit den napoleonischen Gendarmes und erstem Ruhm kam Béranger, als er 1813 den imaginären, allzu menschenfreundlichen »König von Yvetot« porträtierte – eine Satire auf den Despoten Bonaparte, die von den »Goguettes«, den Gesangvereinen der Handwerker und Arbeiter, ins Repertoire genommen und so populär wurde.

Il était un roi d'Yvetot
Peu connu dans l'histoire
Se levant tard, se couchant tôt
Dormant fort bien sans gloire,
Et couronné par Jeanneton
D'un simple bonnet de coton,
Dit-on.
Oh! oh! oh! oh! ah! ah! ah! ah!
Quel bon petit roi c'était là!
La, la.

Il faisait ses quatre repas
Dans son palais de chaume
Et sur un âne, pas à pas,
Parcourait son royaume.
Joyeux, simple et croyant le bien,
Pour toute garde il n'avait rien
Qu'un chien.
Oh! oh! oh! oh! ah! ah! ah! ah!
Quel bon petit roi c'était là!
La, la.

Il n'avait de goût onéreux
Qu'une soif un peu vive;
Mais en rendant son peuple heureux,

Einst war – es klingt wie eine Mär – / In Yvetot ein König, / Der konnte schlafen wie ein Bär / Von Ruhmsucht hielt er wenig. / Man sagt, daß ihn gekrönt einst hätt / Mit einer Zipfelmütz im Bett / Jeannette. / Trara – trara – trara – trara! / Lieb war der König, oh – la – la! / La – la.

Viermal am Tag aß er – nicht mehr! / Sein Schloß war eine Hütte. / Auf einem Esel ritt er quer / Durchs Land im Eselsschritte, / Tat arglos seine Milde kund, / Als Posten vor dem Schloß nur stund / Ein Hund. / Trara – trara – trara – trara! / Lieb war der König, oh – la – la! / La – la.

Doch war nicht ganz so tugendfest / Sein Hang zum Saft der Reben. / Was tat's! – Wer andre leben läßt, /

Il faut bien qu'un roi vive.
Lui-même, à table et sans suppôt,
Sur chaque muid levait un pot
D'impôt.
Oh! oh! oh! oh! ah! ah! ah! ah!
Quel bon petit roi c'était là,
La, la.

Aux filles de bonnes maisons
Comme il avait su plaire,
Ses sujets avaient cent raisons
De le nommer leur père:
D'ailleurs il ne levait de ban
Que pour tirer quatre fois l'an
A blanc.
Oh! oh! oh! oh! ah! ah! ah! ah!
Quel bon petit roi c'était là,
La, la.

Il n'agrandit point ses Etats,
Fut un voisin commode,
Et, modèle des potentats,
Prit le plaisir pour code,
Ce n'est que lorsqu'il expira
Que le peuple qui l'enterra
Pleura.
Oh! oh! oh! oh! ah! ah! ah! ah!
Quel bon petit roi c'était là!
La, la.

On conserve encore le portrait
De ce digne et bon prince;
C'est l'enseigne d'un cabaret
Fameux dans la province.
Les jours de fête, bien souvent,
La foule s'écrie et buvant
Devant:
Oh! oh! oh! oh! ah! ah! ah! ah!
Quel bon petit roi c'était là!
La, la.

Solch Fürst soll selber leben! /
Von jeder Tonne Wein vermaß /
Er sich Tribut – doch nur ein
Glas, / Ein Glas! / Und soff er oft
auch wie ein Loch, / Lieb war der
kleine König doch, / Doch, doch!

Zu Mädchen war er sehr char-
mant, / Wie Könige das können. /
So gab es Grund genug im Land, /
Um Vater ihn zu nennen. / Sein
Heer berief er höchstens ein /
Zum Scheibenschießen – hinten-
drein / Zum Wein! / Trara – trara
– trara – trara! / Lieb war der
König, oh – la – la! / La – la.

Kein Nachbarland verheerte er /
Aus Machtgier. Statt Vernich-
tung – / Ein Musterfürst! – erklärte er / Vergnügen zur Verpflich-
tung. / Nur als er tot und einge-
schreint, / Hat über ihn das Volk
geweint, / Geweint. / Oh – oh –
oh – ah, oh – oh – oh – ah! / Ein
guter König starb, ja, ja! / Ja, ja.

Bis heut erhalten blieb das Bild /
Des Fürsten ohnegleichen / Dient
einer Schenke noch als Schild /
Und höchstes Gütezeichen. / An
Feiertagen braust davor / Der
Ruf des trunkenen Volks empor /
Im Chor: Vivat, Salut, vivat, Sa-
lut! / Gut war der kleine König,
gut! / Ja, gut.

Als Napoleon nach St. Helena verbannt war, die Adligen aus der
Emigration zurückkehrten und die Jesuiten ihre Macht erneuerten,

wurde der Ton der Lieder Bérangers schärfer; dafür büßte er im Kerker: zweimal, unter Ludwig XVIII. und Karl X., wurde er verhaftet und seiner »aufrührerischen und unsittlichen« Lieder wegen verurteilt. Und auch in Freiheit blieb der Sänger ständig beschattet. »Béranger«, schrieb im Juni 1827 der Innenminister an einen Präfekten, »hat einen Paß für seine Abreise nach Breteuil erhalten. Ich ersuche Sie, jede seiner Handlungen und seinen Umgang zu verfolgen... Sie werden mich von jedem seiner Schritte in Kenntnis setzen.« Trotz Haft und Bespitzelung sang »die Nachtigall mit Adlerklauen«, wie Béranger von Ludwig Börne genannt wurde, mutig weiter. Schnell und einfallsreich reagierte er auf alle politischen und gesellschaftlichen Ereignisse. Als zu Beginn der Restauration der heimlich heimgekehrte Adel bemüht war, allenthalben die vorrevolutionäre Ordnung wiederherzustellen, protestierte Béranger dagegen mit dem Chanson von den vornehmen Hunden, die um die Erlaubnis bitten, wieder ungehindert in den Gärten der Tuilerien kläffen zu dürfen. Den Ex-Dienern des napoleonischen Kaiserreichs, die sich katzbuckelnd dem Restaurationsregime zur Verfügung stellten, präsentierte er die Satire vom Hanswurst, der, jedem gern zu Diensten, in einem noblen Haus die Stelle des krepierenden Hundes antritt. Als »Schmerwanst« verhöhnte er den neuen Abgeordneten der Mitte, der mit Rechten und Linken gut Freund ist, weil dies seinem Bauch am besten bekommt. Die Jesuiten (»halb Fuchs, halb Wolf«) verspottete er – zu einer Zeit, als auf Beleidigung des Sakraments die Todesstrafe stand – mit Bibel-Parodien und mit einem Chanson, in dem sich der heilige Ignatius von Loyola um das Amt des Teufels bewirbt. Und gegen das vom Klerus verhängte Tanzverbot am Sonntag stimmte er das Lied vom »Lieben Gott« an.

Un jour, le bon Dieu s'éveillant
Fut pour nous assez bienveillant;
Il met le nez à la fenêtre:
»Leur planète a péri peut-être.«
Dieu dit, et l'aperçoit bien loin
Qui tourne dans un petit coin.
Si je conçois comment on s'y comporte,
Je veux bien, dit-il, que le diable m'emporte,
Je veux bien que le diable m'emporte.

Blancs ou noirs, gelés ou rôtis,
Mortels, que j'ai faits si petits,
Dit le bon Dieu d'un air paterne;
On prétend que je vous gouverne

Gottvater hatte mal bei der Nacht / Wohlwollend auch an uns gedacht. / Gleich morgens schien es ihm vonnöten / Zu spähn nach unserem Planeten. / Vielleicht, daß er schon längst zerstob? – / Nein, er rotiere noch, gottlob! / Doch plötzlich rief er: Hab ich das befohlen, / Was ihr da tut? – Der Teufel sollt mich holen! / Jawohl, der Satan sollt mich holen!
Ihr Zwerge, schwarz und braun und weiß, / In Tropenglut, in Schnee und Eis! / Schalt er mit zürnender Gebärde. / Wer sagt denn, ich regier die Erde? /

21

Mais vous devez voir, Dieu merci,
Que j'ai des ministres aussi.
Sie je n'en mets deux ou trois à la
   porte,
Je veux, mes enfants, que le diable
   m'emporte.
Je veux bien que le diable m'emporte.

Pour vivre en paix, vous ai-je en vain
Donné des filles et du vin?
A ma barbe, quoi! des pygmées,
M'appelant le Dieu des armées,
Osent, en invoquant mon nom,
Vous tirer des coups de canon!
Si j'ai jamais conduit une cohorte,
Je veux, mes enfants, que le diable
   m'emporte.
Je veux bien que le diable m'emporte.

Que font ces nains si bien parés
Sur des trônes à clous dorés?
Le front huilé, l'humeur altière,
Ces chefs de votre fourmilière
Disent que j'ai béni leurs droits,
Et que par ma grâce ils sont rois.
Si c'est par moi qu'ils règnent de la
   sorte,
Je veux, mes enfants, que le diable
   m'emporte.
Je veux bien que le diable m'emporte.

Je nourris d'autres nains tout noirs
Dont mon nez craint les encensoirs.
Ils font de la vie un carême,
En mon nom lancent l'anathème,
Dans des sermons fort beaux, ma foi,
Mais qui sont de l'hébreu pour moi.
Si je crois rien de ce qu'on y rapporte
Je veux, mes enfants, que le diable
   m'emporte,
Je veux bien que le diable m'emporte.

Enfants, ne m'en veuillez donc plus:
Les bons cœurs seront mes élus.
Sans que pour cela je vous noie,

Längst sollt es wissen alle Welt: /
Minister sind dazu bestellt! /
Mach ich nicht heut gleich unter
ihren Sohlen / Gewaltigen Dampf
– soll mich der Teufel holen! /
Jawohl, soll mich der Satan
holen!

Könnt Frieden nicht auf Erden
sein? / Wozu schuf Mädchen ich
und Wein? – / Bei meinem Bart!
Die Wichte machten / Mich gar
zum Lenker ihrer Schlachten! /
»Mit Gott« protzt man Kanonen
ab, / Befördert sich ins Massen-
grab! / Hätt ich geschossen je nur
mit Pistolen / Als Zivilist – sollt
mich der Teufel holen! / Jawohl,
sollt mich der Satan holen!

Die Knirpse da auf goldnem
Thron, / Den Kopf bestülpt mit
einer Kron', / Die Stirn gesalbt,
die Brust voll Orden, / Blähn sich
als Herrn der Arbeitshorden. /
Die Lügner reden allen ein, /
Daß sie von Gottes Gnaden
sei'n! / Hätt ich Regenten solcher
Art empfohlen / Dem Erdenvolk,
sollt mich der Teufel holen! / Jawohl, sollt mich der Satan holen!

Noch schlimmer lästern mich fürwahr / Die Weihrauchstänker im
Talar! / Wer nicht wie sie sich will
kasteien, / Den zwingt ihr Bann-
fluch, zu bereuen. / Was sie da
schwätzen von Moral, / Ist mir zu
dumm und trivial. / Glaub ich ein
Wort von ihren Heilsidolen, /
Dann soll mich selber gleich der
Teufel holen! / Jawohl, soll mich
der Satan holen!

Laßt mich mit all dem Kram in
Ruh! / Euch Guten aber ruf ich
zu: / Lebt, liebt und lacht! Ich
schick zur Strafe /

Faites l'amour, vivez en joie;
Narguez vos grands et vos cafards.
Adieu, car je crains les mouchards.
A ces gens-là si j'ouvre un jour ma
   porte,
Je veux, mes enfants, que le diable
   m'emporte,
Je veux bien que le diable m'emporte.

Euch keine Sündflut drum, ihr Schafe! / Doch seht euch vor den Spitzeln vor! / Adieu! Grad pocht solch Schuft am Tor! – / Und sag ich dem nicht gleich: Bleib mir gestohlen! / Für dich, du Lump, nur glühendheiße Kohlen! – / Dann soll mich selbst der Satan holen!

»Man sieht«, schrieb Stendhal, »daß Monsieur de Béranger... keine große Gelegenheit, keine große Bewegung der öffentlichen Meinung verstreichen läßt, ohne in seinen Versen zum Ausdruck zu bringen, was die Leute in Paris laut aussprechen. Seine Chansons sind also geradezu nationale Oden: Sie wenden sich an den ureigensten Charakter des Franzosen.«
Als die Revolutionäre des Jahres 1830 den letzten Bourbonen verjagten und den »Bürgerkönig« Louis-Philippe auf den Thron setzten, als das Leben sich vorübergehend liberalisierte, wurden auch Bérangers wilde Oden gegen Thron und Altar zahmer. Dem neuen System hatte der Sänger schließlich selbst zur Macht verholfen. Als nämlich »das Volk sich schlug und die Kanonen donnerten«, so erzählte der österreichische Schriftsteller und Politiker Moritz Hartmann, trat Béranger unter die unschlüssigen liberalen Deputierten, die in Saint-Cloud versammelt waren, »und machte den Vorschlag zu einer Proklamation... Da Béranger das Zaudern sieht, setzt er sich selber hin und verfaßt die Proklamation und legt sie zur Unterschrift vor. Abermaliges Zaudern. Da schreibt Béranger selbst den Namen hin. ›Gut‹, sagt er, ›gelingt die Sache, dann habt ihr es getan; wird das Volk geschlagen, dann habe ich die Proklamation aufgesetzt und unterzeichnet...‹ Wenige Stunden später sprach die Proklamation von allen Straßenecken zum Volk... Wenige Tage darauf waren die Unterzeichneten an der Spitze der Regierung. Der Unterzeichner selbst blieb im bescheidenen Dunkel« und schrieb ein paar bissige Lieder über seine nun in Staatsämtern arrivierten Freunde. Doch die Ministerintrigen und die Debatten im Parlament, das nur die Interessen der 200 000 wahlberechtigten, wohlhabenden Bürger Frankreichs vertrat, waren für ihn zweitrangig. Er fühlte, daß es »unter den neuen Umständen keinen Sinn hatte, unverändert im Geiste gestrigen Schaffens fortzufahren« (Fischer).
Enttäuscht von der vorsichtig-friedfertigen Außenpolitik, die Louis-Philippe betrieb, ließ sich der Patriot Béranger von einer nationalistischen Strömung hinreißen, die schließlich in ein zweites Kaiserreich mündete. Wie die meisten Schriftsteller jener Tage trauerte der posthume Kaiser-Freund Béranger den ruhmreichen Zeiten Bonapartes

nach: Er feierte nachträglich und um so vehementer Kampagnen der
»Grande Armée« und schwärmte vom »Heldenvolk, das bei Waterloo
fiel«. So förderte er kräftig ein verklärtes, chauvinistisches Napoleon-
bild, das ins Übermenschliche wuchs, als 1840 die Asche des Kaisers von
St. Helena in den Invalidendom gebracht wurde.

Doch Béranger vergaß darüber nicht die Probleme, die sich durch die
Geburt des Sozialismus und das Anwachsen der Arbeiterbevölkerung
verschärft hatten. Béranger wandte sich dem Elend der ersten Proletarier zu. Er bekannte sich zu den Lehren der utopischen Sozialisten
Fourier, Saint-Simon und Enfantin, der gleiches Wahlrecht für alle
forderte.

Vieux soldats de plomb que nous
   sommes,
Au cordeau nous alignant tous,
Si des rangs sortent quelques hommes,
Tous nous crions: A bas les fous!
On les persécute, on les tue;
Sauf, après un lent examen,
A leur dresser une statue,
Pour la gloire du genre humain.

Combien de temps une pensée,
Vierge obscure, attend son époux!
Les sots la traitent d'insensée;
Le sage lui dit: Cachez-vous.
Mais, la rencontrant loin du monde,
Un fou qui croit au lendemain
L'épouse; elle devient féconde
Pour le bonheur du genre humain.

J'ai vu Saint-Simon le prophète,
Riche d'abord, puis endetté,
Qui des fondements jusqu'au faîte
Refaisait la société.
Plein de son œuvre commencée,
Vieux, pour elle il tendait la main,
Sûr qu'il embrassait la pensée
Qui doit sauver le genre humain.

Fourier nous dit: Sors de la fange,
Peuple en proie aux déceptions!
Travaille, groupé par phalange,

Alle stehn wir wie Muschkoten /
Stramm, schnurgrade aufgereiht.
/ Reckt sich einer vor – Verboten! / Gebt's dem Narrn! der
Spießer schreit. / Und man läßt
zu Tod ihn hetzen, / Scheut vor
keinem Bruch des Rechts, / Läßt
zum Schluß ein Denkmal setzen /
Ihm ... zum Ruhm des Men-
schengeschlechts.

Eine Heilsidee oft wartet / Wie
die Jungfrau, unentdeckt. / Dum-
me schimpfen: Verrückt! Entar-
tet! / Weise raten: Halt dich versteckt! / Bis ein einsamer Narr sie
gefunden, / Der sich müht um der
Menschen Geschick, / Und in
Liebe sich ihr verbunden / Zu der
Menschheit Heil und Glück.

So ging's Saint-Simon, dem Narren, / Der einst reich, verarmt
zuletzt, / Der Gesellschaft ver-
fahrenen Karren / Rumzudrehen
alles drangesetzt. / Bis ans Ende
ohne Wanken / Kämpfte er für
ein neues Recht, / Glaubte fest,
daß seine Gedanken / Rettung
bringen dem Menschenge-
schlecht.

Sprach der Narr Fourier: Erhe-
be, / Volk, dich aus des Betruges
Nacht! / In Gemeinschaft schaffe
und strebe, /

24

Dans un cercle d'attractions,
La terre après tant de désastres,
Forme avec le ciel un hymen,
Et la loi qui régit les astres
Donne la paix au genre humain.

Enfantin affranchit la femme,
L'appelle à partager nos droits,
Fi! dites-vous; sous l'épigramme
Ces fous rêveurs tombent tous trois.
Messieurs, lorsqu'en vain notre sphère
Du bonheur cherche le chemin,
Honneur au fou qui ferait faire
Un rêve heureux au genre humain!

Qui découvrit un nouveau monde?
Un fou qu'on raillait en tout lieu.
Sur la croix, que son sang inonde,
Un fou qui meurt nous lègue un Dieu.
Si demain, oubliant d'éclore,
Le jour manquait, eh bien, demain
Quelque fou trouverait encore
Un flambeau pour le genre humain.

Sie allein dich glücklich macht! /
Aus der Ordnung des Weltalls
lerne! / Richte, Volk der Armen,
dein Recht / Nach der Bahn der
nie wankenden Sterne! / Frieden
weist sie dem Menschenge-
schlecht.

Enfantin, vom selben Stamme, /
Gleiches Recht für die Frauen
empfahl. / Pfui! sagt ihr, derselbe
Name / »Narr« gebührt auch die-
sem Fall! / Ach, bedenkt! Alle
drei wollten lenken / Uns zum
Heil nur! Drum seid gerecht! /
Ehrt die Narren, auch wenn sie
nur schenken / Einen Traum dem
Menschengeschlecht.

Seht den Narrn, der die Welt, die
verfemte, / Wollte erlösen! –
Auch ihn traf einst Spott. / Ster-
bend am Kreuz, das sein Blut
überströmte, / Wurde uns dieser
Narr zum Gott. / Würde morgen
das Himmelslicht schwinden, /
Wär es vielleicht euch selber
recht, / Fänd sich ein neuer Narr,
zu entzünden / Eine Fackel dem
Menschengeschlecht.

Die soziale Anklage, die Béranger in diesen Jahren in Noten faßte,
richtete sich vor allem gegen die allmächtigen Bankiers, die in Wahrheit
den Staat dirigierten, gegen »Börsianer« und »Hochstapler«. Die Raff-
gier der Pfandleiher und Notare im Paris des Jahres 1840 prangerte er im
Refrain einer Ballade über die Geldmoral an.

L'or et l'argent sont nos idoles,
Rester pauvre est de mauvais goût.
Votes, serments, écrits, paroles,
On trafique aujourd'hui de tout.
Tout se vend, tout s'achète,
Honneurs, emplois, brevets,
Quand Vespasien répète:
Cela sent-il mauvais?

Laßt uns Mammon baun Altäre! /
Armut ist Geschmacklosigkeit! /
Stimmvieh, Eide, Verträge und
Ehre, / Alles verschachern wir
jederzeit! / Wir kaufen Ämter
und Pfründen / Und Richter und
Gericht. / Geld stank noch nie! –
Wir finden, / Es stinkt auch heut
noch nicht.

Als Louis-Philippe 1848 gestürzt wurde, erhoffte sich Béranger die Etablierung eines sozialen und gerechten Staates. Doch vom Ausgang der Februarrevolution und von der Republik enttäuscht, die mit allgemeinem Stimmrecht dieselben Männer wählte, die schon unter Louis-Philippe die Macht hatten, zog sich der Volkssänger zurück und publizierte nur noch selten Chansons. Zu seinem letzten forderte ihn die Polizei des 1852 gegründeten Zweiten Kaiserreichs heraus. In diesem Lied, »Der Tod und die Polizei«, machte er sich über die Reichspolizei lustig, die befürchtete, daß Bérangers Begräbnis in ganz Frankreich neue Unruhen stiften könnte. Immerhin gab es, als der Sänger starb, einen Volksauflauf: 50000 Menschen folgten seinem Sarge.

»Es bestand ein derartig prästabiliertes Einvernehmen zwischen der Menge und ihrem Sänger«, berichtete der Dichter Alphonse de Lamartine, »daß ein einziger Wink Bérangers ebenso aufgefangen worden wäre wie eins seiner Chansons und daß Frankreich mit ihm, auf ein Signal hin, gelacht oder gezittert hätte.« Nach Béranger konnte dies keinem Chansonautoren mehr gelingen. Das politische Panorama Frankreichs war nicht mehr so leicht zu überblicken, zu durchschauen.

In der Zweiten Republik (1848 bis 1851) gab es nicht einfach, wie in der Restauration, eine Regierung und eine Opposition – im republikanischen Parlament hatten die Royalisten die Oberhand, und sie verfolgten die Sozialisten weit gehässiger, als es die Monarchie getan hatte. Im Zweiten Kaiserreich gar konnte Napoleon III. auf die Republikaner zählen, weil er – ein Nachahmer seines Onkels Bonaparte – die unterdrückten Minoritäten jeglicher Nation zu befreien versprach. Kurz: die politischen Fronten waren verwischt. Deshalb erreichte der Chansonautor jener Tage nicht mehr, wie einst Béranger, die breite Volksmasse. Er konnte nur noch bestimmte Schichten ansprechen – die Intellektuellen vor allem und die Arbeiter. Sie trafen sich, getrennt, regelmäßig in geheimgehaltenen Lokalen. Weil der Versammlungsort häufig der Keller eines Gasthauses war, nannte man diese Klubs »Caveaux«. Hier wurden beim Essen und Trinken die neuesten freien Lieder angestimmt.

In der politischen Bildung der Proletarier spielten die Chansons eine so große Rolle, daß der Literaturhistoriker Michel Ragon die Gesangvereine des Zweiten Reiches die »Kirchen der Arbeiter« nannte. Ihr Selbstbewußtsein kräftigten sie mit dem damals weitverbreiteten »Chant des ouvriers« – ein Lied, das Pierre Dupont (1821 bis 1870) im Jahre 1848 getextet und komponiert hatte – im Jahre des »Kommunistischen Manifestes«. In dieser bildkräftigen Ballade vom armen, unterdrückten Mann, die Baudelaire als Präludium zur künftigen Arbeiterbewegung wertete, klagten die Proletarier über die Ausbeutung ihrer Arbeitskraft und ihre ungesicherte Zukunft.

Kompromißlos in seiner Forderung nach einer sozialen Revolution, unversöhnlich in seinem Haß gegen die »heilige Trinität von Religion, Ordnung und Besitz«, wiegelte auch ein anderer Chansonautor die Masse zu Aufruhr und Streik gegen die »Aushungerer« auf: Eugène Pottier (1816 bis 1887). Doch seine »Chants révolutionaires«, in der Zeitung der Arbeiterpartei abgedruckte Kampflieder, sind von geringerer dichterischer Qualität als die politische Poesie Duponts.

Pottier, Sohn eines Pariser Kistenmachers, erfolgreicher Stoffmusterzeichner und von der ersten Stunde an Mitglied der französischen Sektion der Ersten Internationalen, war einer der Hauptagitatoren der Pariser »Commune«, jener kleinbürgerlich-proletarischen Gruppe, die zwischen dem 18. März und dem 28. Mai 1871 Paris regierte und unter anderem den verlorenen Krieg gegen Preußen wieder in Gang bringen wollte.

Pottier floh nach der Niederwerfung der Communards nach Belgien, später nach England, schließlich nach Amerika. Auf der Flucht, noch unter dem Eindruck des verlorenen Bürgerkriegs, von den Häschern der Regierung gehetzt, schrieb er sein optimistisches Gedicht »Die Internationale«; später von einem Zimmermann aus Lille vertont, wurde sie die Kampf- und Siegeshymne der Sozialisten aller Länder.

1880 konnte Pottier aus Neukaledonien zurückkehren. Er feierte seine Heimkehr mit dem Chanson »Es hat sich nichts verändert«.

Tu nous reviens, noble forçat,
Après dix ans de bagne;
Vois comme ils sont tombés à plat
Nos châteaux en Espagne.
La France à l'engrais
Veut bien du progrès
Pourvu qu'on le diffère...
Non, rien n'est changé,
Vaillant insurgé,
Nous avons tout à faire!

Toujours ce tas d'hommes d'État,
Frelons pillant la ruche.
Le budget gonfle avec éclat
Leur génie en baudruche.
Ces ballons captifs
Prouvent aux naïfs
Qu'ils font tourner la sphère...
Non, rien n'est changé,
Vaillant insurgé,
Nous avons tout à faire!

Zehn Jahre, Freund, warst du verbannt, / Und denkst, hier geht's nun besser. / Schau hin, hier steht nicht eine Wand / Der alten Wolkenschlösser. / Wenn man vom Fortschritt spricht, / So möchte Frankreich nicht / Zu schnell dahin gelangen. / Nun, alter Freund, gesteh: / Ist das nicht ganz wie je? / Hier heißt's, neu anzufangen!

Das Staatspack ist noch immer da. / Hörst du die Drohnen schmatzen? / Heut sind's noch mehr. Der Staatsetat / Ist aufgebläht zum Platzen. / Sie jubeln sans raison, / Sehn sie den Luftballon / In allen Farben prangen. / Nun, alter Freund gesteh: / Ist das nicht ganz wie je? / Hier heißt's, neu anzufangen!

Vois toujours ce triste animal,
Un taudis pour demeure,
Louant au seigneur Capital
Ses muscles six sous l'heure;
Ce crève-de-faim,
Sans repos, sans pain,
Se nomme prolétaire.
Non, rien n'est changé,
Vaillant insurgé,
Nous avons tout à faire!

Nos gros vampires à vapeur
Sucent toujours nos veines.
Les grèves ne leur font pas peur,
Les casernes sont pleines.
Mineur, reste coi
Dans ton trou, sans quoi
L'on te fait ton affaire.
Non, rien n'est changé,
Vaillant insurgé,
Nous avons tout à faire!

Toujours ces affreux calotins
Dont les meneurs profitent,
Payés pour faire des crétins,
Dieu sait s'ils s'en acquittent.
Couvents noirs et gris,
Cousant à vil prix,
Grattent sur la misère.
Non, rien n'est changé,
Vaillant insurgé
Nous avons tout à faire!

Toujours nos généraux pourris,
Gloires capitulantes,
Demandant pour mater Paris
Des semaines sanglantes.
Ils ont, ces guerriers,
Cueilli leurs lauriers
Dans le sang de Millière…
Non, rien n'est changé,
Vaillant insurgé
Nous avons tout à faire!

Nun siehe, das abgedarbte Tier / Haust schlimmer als die Hunde. / Für diese Muskeln zahlt man hier / Zehn Sechser für die Stunde. / Das ist die alte Not: / Kein Glück, kein Dach, kein Brot, / Und kaum noch das Verlangen. / Nun, alter Freund gesteh: / Ist das nicht ganz wie je? / Hier heißt's neu anzufangen!

Die haben's heut besonders schwer; / Sie sputen sich und bluten. / Und Streik hat keine Wirkung mehr; / Man holt sie als Rekruten. / Drum, Kumpel, halte still, / Weil es der Herr so will! / Was kannst du noch verlangen! / Nun, alter Freund, gesteh: / Ist das nicht ganz wie je? / Hier heißt's, neu anzufangen!

Es gehen emsig ein und aus / Beim reichen Volk die Pfaffen. / Sie sollen hier ein Irrenhaus / Mit Gottes Hilfe schaffen. / Es dringt der Heiligenschein / In jede Kammer ein / Und salbt die blassen Wangen. / Nun, alter Freund, gesteh: / Ist das nicht ganz wie je? / Hier heißt's, neu anzufangen!

Da sieh, das Generalsgefrieß! / Heut ist der Feigling wacker. / Er wünscht, zum Wohle von Paris, / Ein neues Blutmassaker. / Heut ruht die schäbige Laus / Auf ihren Lorbeeren aus. / Das wird uns gut empfangen! / Nun, alter Freund, gesteh: / Ist das nicht ganz wie je? / Hier heißt's, neu anzufangen!

Sur un axe faux nous tournons
Dans un désordre étrange.
On n'a rien changé que les noms,
Mais il faut que tout change.
Révolution,
Ton irruption
Va redresser la terre!...
Non, rien n'est changé,
Vaillant insurgé
Nous avons tout à faire!

Du siehst: das kauft und schnauft und lauft! / So war es stets auf Erden. / Man hat das Kind nur umgetauft. / Doch das muß anders werden! / Ja, das muß anders sein. / Erst wenn wir uns befrein / Und unsre Fahnen prangen! / Ja, alter Freund, gesteh: / Ist das nicht ganz wie je? / Hier heißt's, neu anzufangen!

Mit zunehmender Demokratisierung – die Royalisten sind entmachtet, Kirche und Staat getrennt, die allgemeine Schulpflicht wird eingeführt – fanden politische Chansonsänger wie Pottier, Gustave Nadaud und Gustave Leroy immer weniger Angriffsflächen. Die radikalen Kleinbürger, mittlere und linke, haben nach der Dreyfus-Affäre ihren Kampf gegen Militärs und Reaktionäre gewonnen. Sie ziehen von nun an – Liberté hin, Egalité her – die Unterhaltung in den Cafés-Concerts vor. Auf dem Montmartre wurden damals die ersten Cabarets gegründet.

Auch jetzt gab es zwar kein wichtiges Ereignis, das nicht im Chanson kommentiert worden wäre, doch auf neue Art: mit Witz und kabarettistischem Wortspiel. So verulkte vor einem müden Publikum der Kabarettist Mac-Nab die Dreyfus-Affäre und den rechtsextremistischen Putschversuch des nationalistischen Generals Boulanger. Der Anarchist Montéhus attackierte auf liebenswürdige Weise die Sozialisten, der Sozialist Pedron die Anarchisten. Jehan Rictus, Erfinder des Argot-Chansons, machte sich über die Proleten lustig: »Du singst die Internationale«, sang er, »aber du hast dreckige Hände und Füße.«

Am liebsten unterhielten sich die Bürger der Dritten Republik mit chauvinistischen Chansons, in denen vor allem der Verlust von Elsaß-Lothringen (1871) bedauert und den Deutschen ewige Rache geschworen wurde. Es sind Revanche-Gesänge von guten elsässischen Mädchen, lothringischen Schulmeistern und elsaß-lothringischen Störchen. Typisch für diese Couplets ist der »Fils de l'Allemand« (1882):

Près de la nouvelle frontière
Un officier s'est arrêté,
A la porte d'une chaumière
Il frappe avec anxiété.
Une femme, dont la mamelle
Allaite un gentil chérubin,
Ouvre en demandant: »Qui m'appelle?«
Et voit l'uniforme prussien.

Neben der neuen Grenze / Hat ein Offizier haltgemacht, / An die Tür einer Hütte / Klopft er aufgeregt. / Eine Frau, deren Brust / Einen süßen kleinen Engel stillt, / Macht auf und fragt: »Wer ist da?« / Und sieht die preußische Uniform.

Femme, dit l' officier, écoute ma
    prière,
Pour lui donner ton lait, je t'apporte un
    enfant.
Dis-moi si tu consens à lui servir de
    mère,
Moi, je suis un soldat du pays alle-
    mand.

Ce fils, sur la terre lorraine,
M'est né d'hier, et sans compter
Je paierai tes soins et ta peine,
Car je suis tout seul à l'aimer.
Vois, sa figure est rose et blonde,
Tu peux le sauver du trépas;
Sa mère, en le mettant au monde,
Vient de mourir entre mes bras.

J'avais un fils, dit la Lorraine,
Blond chérubin comme le tien,
Mon homme et moi tenions la plaine
Devant un régiment prussien;
Quand tes soldats saouls de carnage,
Mirent le feu à mon hameau
Et sans pitié pour son jeune âge
Tuèrent l'enfant au berceau.

Va, passe ton chemin, ma mamelle est
    française,
N'entre pas sous mon toit, emporte ton
    enfant,
Mes garçons chanteront plus tard »la
    Marseillaise«,
Je ne vends pas mon lait au fils d'un
    Allemand!

»Frau«, sagt der Offizier, »höre
meine Bitte, / Ich bringe dir ein
Kind, damit du es stillst. / Sag
mir, ob du es versorgen willst wie
eine Mutter. / Ich – ich bin ein
Soldat aus Deutschland.

Mein Sohn kam gestern / Auf
lothringischem Boden zur Welt. /
Ich werde dich für deine Mühe
gut entlohnen, / Denn ich bin der
einzige, der ihn liebt. / Schau,
sein Gesicht ist rosa und blond, /
Du kannst vor dem Tod ihn retten. / Seine Mutter ist in meinen
Armen gestorben, / Als sie ihn
gebar.«

»Ich hatte einen Sohn«, sagte die
Lothringerin, / »Einen blonden
Engel, so wie deiner, / Mein
Mann und ich befanden uns in
der Ebene / Vor einem preußi-
schen Regiment; / Als deine blut-
gierigen Soldaten / Meinen Wei-
ler in Brand steckten / Und ohne
Mitleid mit seiner Jugend / Das
Kind in seiner Wiege töteten.

Geh weg, meine Brust ist französisch, / Komm nicht unter mein
Dach, nimm dein Kind mit, /
Meine Jungen werden später die
Marseillaise singen, / Ich verkau-
fe meine Milch nicht dem Sohn
eines Deutschen!«

Das religiöse Lied

Auf den ersten Blick hat das französische Chanson nur wenig mit dem Kirchenlied gemein, das die volkstümliche Musik Frankreichs bis zum 12. Jahrhundert beherrschte und bis in das 19. Jahrhundert hinein einen festen Platz im Alltagsleben hatte. Da die religiösen Lieder jedoch über Jahrhunderte nicht nur im Gottesdienst, sondern auch daheim zur Erbauung gesungen wurden, hatten sie einen bedeutenden Einfluß auf die musikalische Sensibilität des Volkes.

Bis zum Beginn des 17. Jahrhunderts gab es keine genaue Trennung zwischen profaner und geistlicher Musik; es geschah nicht selten, daß ein frommes Lied auch für einen Tanz herhalten mußte oder umgekehrt. So übernahm 1668 der provençalische Poet Nicolas Saboly die Melodie eines Saufliedes, das Marc-Antoine Charpentier zu Molières Komödie »Le médecin malgré lui« komponiert hatte, für einen Weihnachtschoral. Der melodische Duktus der ersten Chansons jedenfalls ist deutlich vom Gregorianischen Choral, dem einstimmigen liturgischen Gesang, inspiriert. »Die allerersten, echt volkstümlichen Melodien«, schreibt der Komponist Vincent d'Indy (1851 bis 1931) in seinem Kompositionslehrbuch, »sind durchweg Varianten liturgischer Melodien, daran ist kein Zweifel. Wir können uns ohne weiteres vorstellen, daß das Volk damals keine andere Musik kannte als diejenige, die es in der Kirche hörte. Aus ihren Elementen, verändert und dem neuen Bedarf angepaßt, entstanden die Tänze der verschiedenen Provinzen.« Daß auch die ältesten Schäferlieder aus dem 12. Jahrhundert wie fromme Weisen gesungen wurden, geht aus alten Abschriften hervor, die Melodien geistlicher Lieder für die Pastourelles vorschrieben.

Am stärksten beeinflußt wurde das Chanson von den Passionsliedern, den ältesten religiösen Gesängen Frankreichs, die nicht in lateinischer Sprache abgefaßt waren. Diese Lieder aus dem 11. Jahrhundert wurden meist von Spielleuten nach dem Gottesdienst auf den Kirchplätzen gesungen und dargestellt. Die Künstler trugen dabei Szenen aus dem Leben Jesu und der Heiligen vor, gaben biblische Geschichten zum besten und erbauten ihr Publikum mit Gleichnissen. Diese Passionsmusiken und Mysterienspiele, gleichzeitig Ursprung des nationalen französischen Theaters und der Unterhaltungsmusik, wurden zu Beginn der

Renaissance von einer neuen großen Gattung religiös-volkstümlicher Lieder verdrängt: den Weihnachtsliedern, die vor allem im Familienkreis und nicht nur zur Weihnachtszeit gesungen wurden. Bevorzugtes Thema: die Hirten auf dem Felde, denen Christi Geburt verkündet wird. Priester und Organisten, diese Vertreter »jener Elite zweiten Grades, die als Vermittlerin zwischen hoher Kultur und Volk fungierte« (so der Historiker Henri Davenson), variierten und schmückten die Geschichten von der Geburt Christi so wortreich aus, daß im 15. Jahrhundert viele Weihnachtsliedersammlungen, zum Teil im Dialekt geschrieben, bekannt wurden. Bei der Vertonung waren die Autoren nicht wählerisch. Stand keine Originalmusik zur Verfügung – die besten Komponisten der Epoche, wie Josquin des Prés, Guillaume Costeley und Clément Janequin, ersannen unaufhörlich neue Melodien –, behalfen sie sich bedenkenlos mit Trompetensignalen, Glockenspielen, Menuetten und politischen Liedern.

Zwei Jahrhunderte lang war in der volkstümlichen Musik immer Advent, und die Frohe Botschaft wurde dem jeweiligen Zeitgeschmack angepaßt. In der Epoche des derben Rabelais klangen auch die Christfestgesänge nicht eben lieblich:

Joseph est bien marié
A la fille de Jessé:
C'était chose honnête
D'être fille et pucelle:
Dieu y avait opéré
Joseph est bien marié.

Joseph ist gut verheiratet, / Mit der Tochter Jesses: / Das war eine feine Sache, / Mädchen und Jungfrau zu sein. / Gott hat da eingegriffen, / Joseph ist gut verheiratet.

Die lammfrommen Hirten, die in den ersten Liedern mit kindlich-naiver Freude der Weihnachtsverkündigung lauschten, nahmen im 17. Jahrhundert, mit dem Aufkommen der profanen Schäferpoesie, zusehends weltliche Züge an. Sie wurden zuweilen sogar frivol und sprachen so zweideutig – besonders in den Christgesängen des Burgunder Advokaten und Gelehrten Guy Barozai (1641 bis 1728) –, daß die ganz Frommen protestierten.

Neben diesen Weihnachts- und Passionsliedern sind als Quelle für das Chanson auch die ebenfalls häufig außerhalb des Gotteshauses gesungenen Psalmen der Hugenotten und die Cantiques der Katholiken von Bedeutung. Zumindest den Psalmen, die oft auf Choralmelodien der deutschen lutherischen Kirche, hin und wieder auch auf Tanzweisen gesungen wurden, kommt der Wert politischer Dokumentation zu: Der »Psalm der Schlachten« beispielsweise klingt eher nach Kriegs- als nach Kirchenlied, er diente der protestantischen Partei in den Religionskriegen als Feldgeschrei.

Que Dieu se montre seulement
Et l'on verra dans un moment
Abandonner la place;
Le camp des ennemis épars,
Épouvanté, de toutes parts,
Fuira devant sa face.
On verra tout ce camp s'enfuir
Comme l'on voit s' évanouir
Une épaisse fumée;
Comme la cire fond au feu,
Ainsi des méchants devant Dieu
La force est consumée.

Gott braucht sich nur zu zeigen, / Und im Nu ist das Feld verlassen, / Die aufgelöste Schar der Feinde / Flieht verstört nach allen Seiten / Vor seinem Angesicht. / Das ganze Lager flüchtet. / So wie eine Qualmwolke verfliegt, / Wie das Wachs im Feuer schmilzt, / So wird die Kraft der Bösen / Verzehrt vor Gott.

Dokumentarisch und musikalisch weit weniger ergiebig als die protestantischen Psalmen – ihre Texte stammen zum größten Teil von Clément Marot und von Théodore Bèze – sind die katholischen Loblieder, die sogenannten Cantiques. Von den Geistlichen in Kirche und Unterricht propagiert, überflügelten sie im katholischen Frankreich die Popularität der Psalmen.

Die »Cantiques de Marseille«, 1678 vom Pfarrer Laurent Durand herausgebracht und danach viele Male nachgedruckt, erschienen sogar in Form von Bilderbögen. Es waren die Schlager jener Zeit. Die Bedeutungslosigkeit ihrer Texte ist beispielhaft für die Gattung.

Joseph:
Permettez qu'avec franchise
Je vous dise
Ce que j'ai vu cette nuit.
Ne condamnez pas mon songe
De mensonge,
Car c'est Dieu qui l'a produit.

Joseph:
Mit eurer Erlaubnis will ich / Freimütig sagen / Was ich heute nacht geschaut habe. / Meinen Traum dürft ihr nicht / Als Lüge abtun, / Denn Gott hat ihn mir eingegeben.

Les frères:
Tu veux faire le prophète
De ta tête,
Et tu nous rends plus jaloux.
Tout ce que tu dis nous choque,
Et provoque
Contre toi notre courroux.

Die Brüder:
Du willst den Propheten spielen, / Uns Märchen aufbinden, / Wir sind neidisch auf dich, / Alles, was du sagst, macht uns böse / Und erregt / Unseren Zorn.

Joseph:
Vous me croirez un superbe,
Car ma gerbe

Joseph:
Ihr werdet mich für eitel halten, / Aber meine Garbe

Avait les vôtres autour;
Elles lui rendaient hommage,
Pour présage
Que vous me ferez la cour.

Les frères:
Tu nous piques, tu nous braves:
En esclaves
Serons-nous tes serviteurs?
Tu n'acquiers que notre haine
Pour ta peine:
Nous ne sommes point flatteurs.

stand inmitten eurer Garben, /
Die sich vor der meinen verneig-
ten, / Als Zeichen, / Daß ihr mich
eines Tages verehren werdet.

Die Brüder:
Du verletzt uns, du trotzt uns, /
Sollen wir deine Diener, / Deine
Sklaven sein? / Deine Erzählung /
Erfüllt uns mit Haß. / Wir
schmeicheln nicht.

Das nichtpolitische Chanson

Im Laufe der Jahrhunderte hat sich in Frankreich neben dem stets dominierenden politischen Chanson eine unüberschaubare Menge von Liebes-, Tanz- und Trinkliedern angesammelt, die überdies nicht immer eindeutig in eine dieser Kategorien eingeordnet werden können. Denn oft wurden auf dieselbe Melodie satirische, zotige und auch populär-naive Texte gesungen; oft wurde durch Rhythmusveränderung aus einem Tanz- ein Wiegenlied. Aus einem Kontertanz des 18. Jahrhunderts entstand zum Beispiel das Kinderlied, »Do, do l'enfant do«, aus einem Marsch das Liebeslied »En passant par la Lorraine«.

Im Gegensatz zum deutschen Volkslied, das seit der Gründerzeit nur noch in Gesangvereinen und Jugendbünden gepflegt wurde, fand die gesungene französische Volkspoesie stets beim ganzen Volk Widerhall. Die bedeutendsten Chanson-Interpreten adaptierten immer wieder das alte Lied. Um die Jahrhundertwende trug Yvette Guilbert pikante Schäferpoesie und lyrische Legenden vor, kurz vor dem Ersten Weltkrieg frischte das Duo Gilles et Julien alte Matrosenlieder auf, und nach dem Zweiten Weltkrieg brach in den für das Chanson tonangebenden Cabarets in Saint-Germain-des-Prés ein wahres Volkslied-Fieber aus: Die alten Chansons wurden nicht nur nachgesungen – sie wurden parodiert oder mit neuen Texten unterlegt. Doch bis zur »Folksong-Welle«, die Mitte der 60er Jahre von Amerika nach Europa überschwappte, wagten sich nur Sänger, die feinfühlig interpretieren und auch schauspielern konnten, an die Chanson-Antike heran – so Cora Vaucaire, Mouloudji und Yves Montand, oder aber Interpreten mit vorwiegend poetischem Repertoire, wie Jacques Douai und Marc Ogeret. Unter dem Einfluß des US-Folksongs griff schließlich auch Frankreichs gitarrenzupfender Nachwuchs mit meist glückloser Hand ins alte Chanson.

In den wenigen Dokumenten über die Anfänge des nichtpolitischen Chansons tauchen zwei Namen auf: Huvarnio und Harvanius, zwei Bretonen, die sich lateinische Künstlernamen zugelegt hatten und ganz offensichtlich die Unterhaltungsstars der Merowingerzeit waren. Von ihren Hits zum Lobe der Könige Childerich und Chlodwig (5. Jahrhundert) ist nichts erhalten geblieben; von den darauffolgenden Vagantenliedern nur wenige. Die Autoren, auf französisch Goliards genannt, waren zumeist rebellische Studenten und abgefallene Mönche. Sie zogen von Ort zu Ort und sangen lateinisch, deutsch oder slawisch – satirische, antiklerikale und liederliche Gassenhauer.

Erst an der Wende vom 11. ins 12. Jahrhundert finden sich die ersten französisch geschriebenen Unterhaltungslieder. In dieser Zeit des kulturellen Aufschwungs – die ersten gotischen Kirchen werden gebaut, die ersten Versromane und Theaterstücke in (alt-)französischer Sprache verfaßt – erreicht auch das Chanson einen ersten Höhepunkt. Neben dem politischen Lied gediehen das epische, das phantastische und das lyrische Chanson.

Episch sind die »Chansons de geste«, Strophenlieder, die durchweg von christlichen Helden handeln. Ihr bedeutendstes ist das Rolandslied, das Karl den Großen und seinen sagenhaften Neffen, den rasenden Roland, besingt, der in der Schlacht gegen die Mauren im Pyrenäental von Roncesvalles einen heldenhaften Tod starb. Die 4000 Verse des Rolandsliedes wurden zur Harfe oder zur Leier gesungen, gelegentlich getanzt oder gar pantomimisch dargestellt. Im 13. Jahrhundert priesen sie – nunmehr nur noch Lesestoff für Gebildete – die Vergangenheit.

Weit besser im Gedächtnis behielt das Volk die knapperen und prägnanteren Complaintes, die Themen der »Chansons de toile«, der Arbeitslieder nordfranzösischer Leineweber, aufnahmen. Es sind weltliche Klagelieder, die sich an die Einbildungskraft des Zuhörers und sein Bedürfnis nach Übersinnlichem wenden.

Die berühmtesten Complaintes, deren Stoff auch Gottfried August Bürger, Friedrich Schiller und Ludwig Uhland zu Balladen anregten, erzählen sagenhafte Begebenheiten: die Geschichte eines jungen Mannes, der ertrinkt, während er den Ring seiner Geliebten vom Meeresgrund fischt; die Legende vom Mädchen, das sich totstellt, im Sarg aus dem Elternhaus getragen wird und so die ersehnte Freiheit erhält, um seinen Geliebten heiraten zu können.

»La mort de Jean Renaud«, die meistgesungenen Complainte, deren Motiv auch in der spanischen und italienischen Folklore auftaucht und ein Musterbeispiel des Genres ist, fußt auf der skandinavischen Ballade »Elveskud«.

Quand Jean Renaud de guerre revint,
Tenant ses tripes dans ses mains,

Sa mère à la fenêtre en haut
Dit: »Voici v'nir mon fils Renaud!

Als Jean Renaud vom Kriege kam, / Trug er seine Eingeweide in den Händen.

Seine Mutter oben am Fenster / Sagte: »Da kommt mein Sohn Renaud!

Renaud, Renaud réjouis-toi.
Ta femme est accouchée d'un roi.«

»Ni de ma femme, ni de mon fils
Mon cœur ne peut se réjouir,

Je sens la mort qui me transit,
Mère, faites dresser un lit!

Mais faites-le dresser si bas
Que ma femme n'entende pas.«

Et quand ce fut vers la minuit,
Jean Renaud a rendu l'esprit.

»Ah, dites-moi, mère ma mie,
Ce que j'entends chanter ici?«

»Ma fille, c'est le charpentier
Qui raccommode l'escalier.«

»Ah, dites-moi, mère ma mie,
Ce que j'entends clouer ici?«

»Ma fille, c'est la procession
Qui fait le tour de la maison.«

»Ah, dites-moi, mère ma mie,
Ce que j'entends pleurer ici?«

»C'est la voisine d'à côté
Qui a perdu son nouveau-né.«

»Ah, dites-moi, mère ma mie,
Pourquoi donc pleurez-vous aussi?«

»Ma fille, ne puis le cacher:
Renaud est mort, est enterré.«

»Ma mère, dites aux fossoyeux
Qu'il creuse la fosse pour deux.

Et que l'espace en soit si grand
Qu'on puisse y mettre aussi l'enfant.«

Renaud, Renaud, freue dich, /
Deine Frau gebar einen Königs-
sohn.«

»Weder an meiner Frau noch an
meinem Sohn / Kann sich mein
Herz erfreuen.

Ich fühle den Tod, der mich
durchschauert. / Mutter, bereite
mir ein Bett.

Und bereit' es so still, / Daß
meine Frau es nicht merkt.«

Und als es wurde Mitternacht, /
Gab Jean Renaud seinen Geist
auf.

»Ah, sagt mir, liebe Schwieger-
mutter, / Was klopft man da?«

»Töchterlein, es ist der Zimmermann, / Der die Treppe ausbes-
sert.«

»Sagt mir, liebe Mutter, / was
singt man da?«

»Töchterlein, es ist eine Prozession, / Die am Hause vorbei-
zieht.«

»Sagt mir, liebe Mutter, / Wer
weinet hier?«

»Töchterlein, es ist die Nachba-
rin, / die ihr Kindlein verlor.«

»Sagt mir, liebe Mutter, / Was
weinet auch Ihr?«

»Töchterlein, ich kann es nicht
länger verbergen: / Renaud ist tot
und wird begraben!«

»Liebe Mutter, so sagt dem Totengräber, / Daß er das Grab
groß genug macht für zwei.

Und daß auch noch Platz bleibe, /
Unser Kind zu fassen.«

Etwa zwischen 1000 und 1230 entstand neben der Complainte das weit kunstvollere lyrische Chanson der Troubadours und Trouvères. Der Sänger betete eine »hohe Dame« an, die ihm unerreichbar war und die er nicht einmal beim Namen zu nennen wagte: In den Chansons heißt die Angebetete deshalb stets »bel vezer« (»Schöner Anblick«) oder »bel deport« (»Schöne Freude«). Der Minnesänger unterwarf sich bedingungslos ihrem Willen (»Bien est qui aime obéissant«) und vergeistigte die Liebe zur strengen Form, zur »Courtoisie«. Der Troubadour Bernard de Ventadour sang beispielsweise:

Il n'est pas étonnant, que je chante mieux que nul autre troubadour	Ich singe besser als jeder andere Troubadour, / Weil mein Herz sich ganz der Liebe aufgeschlossen hat; / Ich kann ihre Befehle besser verstehen, / Denn ich habe der Liebe mein Herz und meinen Körper, / Mein Wissen und meine Intelligenz, meine Kraft und meine Macht gewidmet.
Car le cœur me tire davantage vers l'amour	
Et je suis mieux fait à ses commandements;	
J'ai mis dans l'amour mon cœur et mon corps,	
Mon savoir et mon intelligence, ma force et mon pouvoir.	

Zwischen 1150 und 1250 gab es in Frankreich mindestens 100 berühmte Minnesänger und sogar Sängerinnen, die eine solch idealisierte Liebe meist in Form der »virelai«, des Reigenliedes priesen. Sänger niedriger und edler Herkunft trafen sich zu Wettbewerben in den »Cours d'amour«, wo hohe Damen das beste Chanson kürten. Das Liebeschanson war als musikalisches und literarisches Ausdrucksmittel bald so beliebt, daß sich nahezu jeder Kavalier – von den Minnesängern in der »gaya scienzia«, der »fröhlichen Wissenschaft« vom schönen Gesang unterwiesen – daran versuchte. Selbst Geistliche stimmten in den Minnegesang ein. Denn: »Für einen rechten Edelmann schickt es sich, Chansons, Musik, Leier und Gedichte und alles, was der Ministrel komponiert, gerne zu hören«, heißt es im Chanson »La joie d'amour«. Als sich die Minnephilosophie entwickelte, als Chrétien de Troyes seine Artus-Epen, Jean de Meung und Guillaume de Lorris den Rosenroman schrieben, da begann das von den »Cours d'amour« beeinflußte Chanson schon wieder an Kraft zu verlieren. Seine Monotonie ist nicht zu überhören. Sie rührt vom stilisierten Wortschatz und der uniformen Gefühlsskala der Troubadours her, die nur Bewunderung, Schmerz und Hoffnung kennt.

Auch die beiden anderen zu dieser Zeit geläufigen und realistischeren Arten von Liebeschansons, die »Aube« und »Pastourelle«, sind streng typisiert. Beide, vor allem die bis ins 18. Jahrhundert beliebte »Pastourelle«, gaben im Mittelalter Zwiegespräche zwischen Schäferin und Edelmann wieder – Dialoge, in denen oft die Verachtung des adeligen Verfassers für das Bauernmilieu mitschwang; nicht selten spricht der Adelige erlesenes Französisch, die Schäferin kann ihm nur im Dialekt antworten. Die Franzosen, denen die Welt besonders raffinierte Liebesempfindungen zuschreibt, »müssen zugeben«, meint Henri Davenson, »daß sie besonders schale Liebeslieder hervorgebracht haben. Die Fadheit im Ausdruck der Liebe ist eine der ältesten Traditionen (Frankreichs), man kann sie vom 12. Jahrhundert ab durch die Geschichte verfolgen. Sie ist eine Konstante des französischen Temperaments.«

L'autrier par la matinée,
Entre un bois et un vergier,
Une pastore ai trouvée
Chantant por soi envoisier,
Et disoit un son premier:
»Ci me tient li maus d'amor.«
Tantost cele part m'en tor
Que je l'oï desresnier,
Si li dis sanz delaier:
»Bele, Deus vos dont bon jor.«

Neulich traf ich des Morgens / Zwischen einem Gehölz und einem Obstgarten / Eine Schäferin, / Sie sang, um sich zu unterhalten, / Und fing so an: »Liebesleid hält mich gefangen.« / Bald gefiel mir das, / Was ich sie singen hörte, / Und ohne Zögern sagte ich zu ihr: / »Gott grüße dich, schönes Mädchen.«

Mon salu sanz demorée
Me rendi et sanz targier...
Mult ert fresche et colorée,
Si m'i plot a acointier:
»Bele, vostre amor vous qier,
S'avroiz de moi riche ator.«
Ele respont: »Tricheor
Sont mès trop li chevalier.
Melz aim Perrin, mon bergier,
Que riche homme menteor.«

Sie antwortete sogleich / Auf meinen Gruß... / Sie sah blühend aus und hatte frische Farbe, / So gefiel es mir, ihr zu sagen: / »Schönes Mädchen, um deine Liebe bitte ich dich, / Du bekommst einen schönen Putz dafür.« / Sie antwortete mir: »Zu betrügerisch sind mir die Edelmänner. / Ich mag lieber Perrin, meinen Schäfer, / Als einen reichen Lügner.«

Zwar haben auch schon die Troubadours in gewagt-erotischen Bildern gesprochen, doch erst im Renaissance-Chanson des 16. Jahrhunderts wurden unumwunden die »Freuden des Beischlafs«, die Rabelaisschen »Embriconnages«, besungen. Die Hymnen galten respektablen physischen Leistungen. So in einem Chanson, das der berühmte Kirchenkomponist Orlando di Lasso (1532 bis 1594) vertont hat:

Un advocat dit à sa femme
Sus, mamie, que jouons-nous?
Si je gaigne, se dit la dame

Ein Advokat sprach so zu seinem Weibe: / Liebste, wohlan, was gilt's, wie spielen wir? / Wenn ich gewinne, sprach die Dame,

Vous me ferez quatre coups.
Quatre coups, c'est couché trop gros,
Comment seroit jeu sans pitié?
Non, non, maistre, tenez le tout,
Dit le clerc, j'en suis de moytié.

besorgst du's mir viermal. / Viermal, das ist zuviel des Beischlafs, / Wäre dies nicht ein mitleidsloses Spiel? / Nein, nein, Meister, haltet Euch daran, / Sagte sein Schreiber, die Hälfte übernehme ich.

Auch vom Gegenteil wird gesprochen, von Männern, die beim »schönen Spiel des Vorwärtstreibens« versagen:

Si je dis, la nuitée,
Approche, mon ami.
Il répond, affecté:
Paix, je suis endormi.
S'il advient qu'il s'efforce
seulement une fois,
Je connais que la force
Ne revient de six mois.
Outre plus, son bagage
Est si mol, si petit,
Que du jeu, le courage
je perds, et l'appétit.

Wenn ich des Nachts sage: / Komm näher, mein Freund, / Antwortet er mürrisch: / Sei ruhig, ich schlafe schon. / Wenn er sich dann doch einmal anstrengt, / Weiß ich, daß seine Kraft / Sechs Monate nicht wiederkehrt. / Noch schlimmer aber, sein Werkzeug / Ist so weich, so klein, / Daß ich die Freude und die Lust am Spiel verliere.

Die Autoren ähnlich volkstümlicher Stanzen sind auch die gefeierten Dichter der Renaissance: Clément Marot (1496 bis 1544), Pierre de Ronsard (1525 bis 1585), Joachim du Bellay (1522 bis 1560). Allesamt wollten sie die »französische Sprache verklären und veredeln«. Vor allem aber erstrebten sie die Wiederherstellung des lyrischen Ideals der Griechen: die Vereinigung von Vers und Musik im emotionalen Ausdruck. Ronsard, der seine Gedichte als »wunderbar für Musik geeignet« bezeichnete, wünschte sich nichts sehnlicher als polyphone Vertonungen. Und er bekam sie. Annähernd ein Dutzend Komponisten vertonten Ronsard-Liedzyklen in schönster Polyphonie.
Denn das Chanson des 16. Jahrhunderts ist mehrstimmig und neben dem Madrigal die bedeutendste Kunstform der weltlichen A-cappella-Musik der Renaissance. Hauptmeister dieser Chanson-Chöre, die den einstimmigen Gassenhauer vorübergehend verdrängten, waren die Kirchenkomponisten der Zeit: Josquin des Prés, Orlando di Lasso und vor allem Clément Janequin, der rund vierhundert Chansons komponierte: Die meisten davon erschienen in der 25bändigen Chanson-Sammlung des Pariser Notendruckers und Musikverlegers Attaignant.
Die im Text immer volkstümlichen Chanson-Sätze von Janequin geben Weibertratsch und Eifersuchtsszenen wieder, ahmen Straßenszenen

nach und berichten von Naturwundern und vom Krieg. Unter anderem besingt Janequin »La bataille de Renty« und »Le siège de Metz«. In »La guerre« schildert er die Schlacht von Marignano, an der er 1515 selbst teilgenommen hat.

Trotz des kunstreichen Satzes wurden diese Chansons auch vom Volk gesungen. Die Komponisten waren dabei behilflich. Denn die musikalische Form folgt streng dem Versbau, anders als später beispielsweise in den Opernarien, in denen häufig die falschen Worte betont waren.

Eine typische Methode bestand darin, die dritte und vierte Zeile einer siebenzeiligen Stanze mit der gleichen Musik zu versehen wie die erste und zweite und sodann die Schlußzeile in Text und Musik zu wiederholen. »Diese Einfachheit«, schreibt der Musikwissenschaftler Robertson Stevens, »ist für die Ausführung durch Amateure gut geeignet, und für sie waren ja auch so viele dieser Werke gedacht.«

Als dann, um 1600, der monodische den polyphonen Stil ablöste und die ersten Opern aufgeführt wurden, sank das musikalische Niveau der Chansons beträchtlich. Von nun an wurde auch zwischen ernster und unterhaltender Musik säuberlich getrennt – eine Trennung, die bis dahin nicht geläufig war. Der große Bruch in der Geschichte der europäischen Musik war da.

In dieser Zeit des Niedergangs dominierten die »Airs de cour«, die vorwiegend in den Salons der gebildeten Gesellschaft des 17. Jahrhunderts zu Hause waren – weitschweifige, preziöse Liebes-Chansons und schwülstige Trinklieder voll mythologischer Anspielungen und gelehrter Aussprüche.

Die Trinkliederdichter dieser tafelfreudigen Zeit, in der die Türen breiter gemacht wurden, damit die Speisetabletts besser aufgetragen werden konnten, hatten große Tage: Adam Billaut, der erste unter diesen Zweitrangigen, bekam vom Kardinal Richelieu eine Rente, Corneille und Voltaire widmeten ihm Verse. Billaut (1602 bis 1662) war Schreiner, doch ein außerordentlich musischer. Wurde bei ihm ein Brautbett bestellt, lieferte er auch gleich das Hochzeitsgedicht mit, mußte er einen Sarg anfertigen, dichtete er zusätzlich eine Grabinschrift. Als ein Abbé den »Vergil des Hobels« dann in die Pariser Gesellschaft einführte, spezialisierte er sich auf Trinkgesänge. Er erhob Bacchus zum Herrscher über alle Götter.

Aussitôt que la lumière	Kaum hat das Licht / Unsere
A redoré nos coteaux,	Weinberge in goldenen Schimmer gehüllt, / Beginne ich schon
Je commence ma carrière	meinen Tageslauf / Und besuche
Par visiter mes tonneaux.	meine Fässer. /

Ravi de revoir l'aurore,
Le verre en main, je lui dis:
»Vois-tu sur la rive maure
Plus qu'à mon nez de rubis?«

Si quelque jour étant ivre,
La mort arrêtait mes pas,
Je ne voudrais pas revivre
Pour changer ce doux trépas:
Je m'en irais dans l'Averne
Faire enivrer Alecton
Et bâtir une taverne
Dans le manoir de Pluton.

Par ce nectar délectable
Les démons étant vaincus,
Je ferais chanter au diable
Les louanges de Bacchus;
J'apaiserais de Tantale
La grande altération.
Et passant l'onde infernale,
Je ferais boire Ixion.

Je veux qu'on sonne pour cloches
Tous les pots du cabaret,
Et qu'on allume pour torches
Cinq cents brocs de vin clairet.
Quatre des plus rouges trognes
Porteront les coins du drap,
Et les plus fameux ivrognes
Chanteront le *Libera*.

Ich freue mich, die Morgenröte wieder zu erblicken, / Und sage ihr mit einem Glas in der Hand: / »Siehst du am maurischen Ufer / Mehr Rubine als auf meiner Nase?«

Wenn der Tod mich holen sollte, / An einem Tag, an dem ich betrunken bin, / So möchte ich nicht ein zweites Mal leben, / Um einen anderen Tod zu sterben: / Ich würde in den Avernus* gehen, / Alekto** berauscht machen / Und ein Gasthaus eröffnen / In Plutos Behausung.

Die Teufel wären / Diesem köstlichen Nektar erlegen, / Ich würde den Teufel / Loblieder auf Bacchus singen lassen. / Ich würde den übergroßen Durst / Des Tantalus stillen, / Dann durch die Flut der Unterwelt fahren / Und Ixion*** zu trinken geben.

Ich will, daß man alle Kelche der Schenke / Als Glocken läute, / Ich will als Fackeln / Fünfhundert Krüge hellroten Weines sehen. / Vier Männer mit den hochroten Mondgesichtern / Werden die Ecken des Tuches tragen, / Und die berühmtesten Trunkenbolde / Werden das »Libera« singen.

Diese Trinklieder, die vorwiegend bei Hof gesungen wurden, haben ihre Zeit nicht überlebt – sowenig wie die übrigen preziösen Verse des 17. Jahrhunderts. Die Matrosen- und Soldatenlieder jener Tage jedoch sind heute noch en vogue.
»Wie merkwürdig«, wundert sich Henri Davenson, »alles, was im Chanson reine Poesie ist, stammt entweder aus dem Repertoire der alten

---

  * Den Krater eines Vulkans füllender See (in Campanien bei Neapel); wurde in der Antike als Eingang zur Hölle betrachtet.
 ** Eine der Erinnyen.
*** Ixion hatte, an die Tafel der Götter geladen, der Hera nachgestellt. Dafür wurde er in der Unterwelt an ein feuriges Rad gebunden.

Segelschiffmarine oder aus den Soldatengesängen der Monarchie. Den Matrosen, diesen ungehobelten Kerlen... verdanken wir die schönste Blüte der Poesie.«

Die Technik der Chanson-Texte, von der auch die moderneren Poeten wie Apollinaire oder Aragon profitierten, ist nur scheinbar einfach. Ihre Metrik ist unregelmäßig, ihre Sprache beruht auf symbolischen Schlüsselbildern. Sie kehren wie magische Formeln in allen Liedern wieder. Zum Beispiel: »Joli tambour«, »Claire fontaine«, »Rose blanche«. Knappheit und plastische Wirkung werden oft durch einen sehr freien Umgang mit der Grammatik erreicht. So in dem Chanson von den »Mädchen aus La Rochelle«.

Ce sont les filles de La Rochelle
Qui ont armé un bâtiment
Pour aller faire la course
Dedans les mers du Levant.
La grand' vergue est en ivoire,
Les poulies en diamant;
La grand' voile est en dentelle,
La misaine en satin blanc;
Les cordages du navire
Sont de fil d'or et d'argent,
Et la coque est en bois rouge
Travaillé fort proprement;
L'équipage du navire,
C'est tout filles de quinze ans;
Le capitaine qui les commande
Est le roi des bons enfants.
Hier, faisant sa promenade
Dessus le gaillard d'avant,
Aperçut une brunette
Qui pleurait dans les haubans:
»Qu'avez-vous, gentille brunette,
Qu'avez-vous à pleurer tant?
Av'vous perdu père et mère
Ou'quelqu'un de vos parents?
J'ai cueilli la rose blanche,
Qui s'en fut la voile au vent:
Elle est partie vent arrière,
Reviendra-z-en louvoyant...«
Ah! la feuille s'envole, s'envole, s'en-
  vole,
Ah! La feuille s'envole au vent.

Das sind die Mädchen von La Rochelle, / Sie haben ein Schiff gerüstet, / Um damit eine Fahrt in die Meere des Morgenlandes zu machen. / Die Rahe ist aus Elfenbein, / Die Riemenscheiben sind aus Diamant, / Das große Segel ist aus Spitzen, / Das Focksegel aus weißem Atlas, / Die Takelage des Schiffes, / Das sind goldene und silberne Fäden, / Und der Rumpf ist aus rotem, / Sauber verarbeitetem Holz. / Die Mannschaft des Schiffes, / Das sind lauter fünfzehnjährige Mädchen, / Der Kapitän, der sie befehligt, / Ist ein gutmütiger Tropf. / Gestern, als er seinen Spaziergang machte, / Auf der Back, / Sah er ein schwarzhaariges Mädchen, / Das in den Wanten weinte. / »Was hast du, reizende Brünette, / Warum weinst du so bitter? / Hast du Vater und Mutter verloren? / Oder vielleicht einen Verwandten?« / »Nein, ich habe die weiße Rose gepflückt, / Der Wind hat sie verweht, / Sie ist im Backwind weggeflogen, / Sie wird auf Umwegen wiederkommen...« / »Ah, das Blatt fliegt, es fliegt und fliegt, / Das Blatt fliegt im Winde.«

Ähnlich populär wie die Soldaten- und Matrosenlieder wurden im 18. Jahrhundert dann die erotischen Chansons. Ihre Autoren – Piron, Collé und die beiden Crébillon – ersannen keine handfesten Zoten mehr wie ihre Kollegen in der Renaissance, sie begnügten sich mit Zweideutigkeiten und unermüdlichen Anspielungen auf den »glücklichen Augenblick«. Die arkadische Poesie hatte noch einmal eine große Stunde. Allerdings war die Schäferin nicht mehr, wie im 12. Jahrhundert, ein naives Mädchen vom Lande. Sie war parfümiert und raffiniert – eine galante Courtisane auf der Reise nach Cythera. Die Schäferin drückte sich nunmehr in der affektierten Sprache der Adligen aus. Sie war ganz im Geschmack Rousseauscher Naturschwärmerei à la mode und allgegenwärtig in Lustspielen, auf Bildern, Stichen und in Chansons, so in der Originalfassung des später zum Kinderlied verharmlosten »Il était une bergère«.

Ganz Europa eiferte in dieser Zeit den Franzosen nach im Rokoko-Chanson. In Deutschland vertonten die besten Musiker die Schäferlyrik – wie Mozart und Joseph Haydn, der 1782 Stücke aus »Ramlers lyrischer Blumenlese« komponierte. Und noch 1793, als die Revolution in Frankreich bereits die Schäferkostüme und Blumenbouquets hinweggefegt hatte, setzte Beethoven den Stoßseufzer eines unglücklich verliebten Schäfers in Töne: »Ohne Liebe lebe, wer da mag.«

Die meisten der Liebes-Chansons spiegeln die Armut der französischen Liebeslyrik in der Epoche wider – seichte Empfindsamkeit und falsche Naturliebe. Das politische, soziale, polemische und satirische Lied der Franzosen ist da von anderem Zuschnitt.

Als scheinbare Reaktion auf jenen »Machiavellismus der Sexualität« und auf jene Liebe, die das »Hirn zum Geschlechtsnerv machte« (Brüder Goncourt), entstand in der zweiten Hälfte des 18. Jahrhunderts die gefühlsbetonte Romanze. Sie sollte nach Troubadourweisen klingen, aber sie war nur eine Imitation. Moncrif (1687 bis 1770) ahmte die schönsten tragischen Complaintes des Mittelalters nach, und auch Rousseau, der Titel wie »J'ai perdu tout mon bonheur« und »Lisette a quitté la plaine« verfaßte, war in diesem Genre ein Epigone.

Eine neue Spezies der Complaintes entwickelte sich im 19. Jahrhundert: die Moritat. Das Verbrechen wurde seziert und in seinen intimsten Einzelheiten untersucht: Das Blut floß in Strömen, die Angst, die Mordlust wurden mit heuchlerischem Moralismus geschildert und kommentiert. »Denn diese Texte, die an den Sadismus des Publikums appellierten, sollten scheinbar einer strengen Moral Genüge tun« (so der chansonkundige Journalist Lucien Rioux).

Das Interesse des Publikums an Neuigkeiten und ungewöhnlichen Ereignissen, an makabren Situationen und an der Psychologie des Asozialen sicherte diesen meist auf Marktplätzen zu Leierkastenbegleitung vorgesungenen Berichten von Sittenskandalen, Hinrichtungen und Schwerverbrecher-Beichten eine ungewöhnliche Verbreitung. Die Gruselchansons, die von unerhörten Begebenheiten erzählten, deren Wahrheit durch präzise Orts- und Personenbeschreibung beglaubigt werden sollten, wurden auf schlechtem Papier gedruckt, schaurig illustriert und von den Verlegern in Riesen-Auflagen verkauft. Das Ganovenlied war der Krimi jener Tage – seine Herstellung nicht minder industrialisiert. Diese Schauerballaden mit ihren platten, endlos langen (bis zu 50 Strophen) und rührseligen Texten, zudem von dürftiger Musik begleitet, signalisieren den Verfall des poetischen Chansons. Als schönstes Exemplar der musikalischen Einfallslosigkeit dieses Genres kann das Chanson von der »Geneviève de Brabant« gelten.

Approchez-vous, honorable assistance,	Kommt näher, verehrte Zuhörer, / Hört, was ich erzähle / Von der für unschuldig erkannten, geduldigen / Und von Gott sehr geliebten Genoveva. / Sie war Gräfin, / Von hohem Adel, / Sie war ganz gewiß / In Brabant geboren.
Pour entendre réciter en ce lieu	
L'innocence reconnue et patience	
De Geneviève, très aimée de Dieu:	
Était comtesse,	
De grande noblesse,	
Née du Brabant était assurément.	

Dieser naive Bänkelgesang lebte bis ins erste Jahrzehnt des 20. Jahrhunderts hinein, stilisiert und parodiert gedieh er noch weiter. Aristide Bruant, der erste Chansonautor und Kabarettist modernen Zuschnitts, sang verfeinerte Cabaret-Moritaten wie »A la roquette«, in Deutschland schrieb Bertolt Brecht, der vom Leierkasten auf dem Augsburger Jahrmarkt noch Anregung empfing, seine berühmten Bänkeleien. In Saint-Germain-des-Prés wurden die Schauergeschichten, fein nuanciert und intellektualisiert, mit neuem Erfolg nach dem Zweiten Weltkrieg vorgetragen, unter anderem ein vom Schriftsteller Robert Desnos auf den Super-Verbrecher Fantômas geschriebenes Chanson.

François Villon, Aristide Bruant, Yvette Guilbert

Wo habt ihr Saures für drei Mark bekommen?
Nehm jeder sich heraus, was er grad braucht!
Ich selber hab mir was herausgenommen...
(Bertolt Brecht)

Die drei Sonettzeilen schrieb Brecht zu einer Neuausgabe der Lieder und Balladen des François Villon, und er gestand damit einiges ein: Denn der arme B. B. hat für seine »Dreigroschenoper« die Werke des verruchten Poeten Villon hübsch ausgeschlachtet. Und er war nicht der einzige Nutznießer des »Kleinen Testaments« und »Großen Testaments« – ein Gutteil der Chanson-Macher des 20. Jahrhunderts holte sich beim verkrachten Scholaren Villon mancherlei Anregung, wenn nicht gar Verszeilen.

In den modernen Liedern wimmelt es, mittelalterlich-heimelig, von Kneipen und Bordellen, von schweren Jungen, armen Schluckern, verlotterten Weibern und alten Vetteln, von Galgenvögeln, Trunkenbolden, Hurenböcken, Zuhältern, geilen Pfaffen, heuchlerischen Bürgern und einer herzlich verfluchten Obrigkeit. Villon war wahrhaftig mehr als ein Chanson-Dichter. Aber sein Einfluß auf die Chanson-Autoren dieses Jahrhunderts ist unübersehbar.

François Villon wurde 1429 (und nicht, wie bisher vermutet, 1431) in Paris geboren. Er erwarb sich den Sorbonne-Grad eines »Magister artium«, liebte Mädchen und Kneipen und wurde wegen Bettelei, Diebstahl und Mord gehetzt. Seine Balladen und Testamente verfaßte er im Gefängnis – Villon war nur hinter Mauern Literat. Er verschwand 35jährig, von Schwindsucht und Syphilis zerrüttet, aus Paris, nachdem er zum Tode am Galgen verurteilt und dann zu zehnjähriger Verbannung begnadigt worden war. Wann er starb, ist unbekannt, seine Gedichte hingegen haben fünf Jahrhunderte unbeschadet überlebt.

Modern ist, heute wie eh und je, der ironische, untertriebene und dennoch volkstümliche Ton seiner Verse. In der hergebrachten Form der Balladen und Rondeaux trauerte er der »dicken Margot« und dem »angenehmen Leben« nach, er sang von den »Torheiten der Liebe« und verhöhnte die »Wachsoldatenhunde« (»Man schlage ihnen ihre Fressen / Mit schweren Eisenhämmern ein«), er verlachte seinen eigenen Liebesgram und wehklagte über seinen Tod:

Freres humains qui après nous vivez,
N'ayez les cuers contre nous endurcis,
Car, se pitié de nous povres avez,
Dieu en aura plus tost de vous mercis.
Vous nous voiez cy attachez cinq, six:
Quant de la char, que trop avons
    nourrie,
Elle est pieça devoree et pourrie,
Et nous, les os, devenons cendre et
    pouldre.
De nostre mal personne ne s'en rie;
Mais priez Dieu que tous nous vueille
    absouldre!

Se vous clamons freres, pas n'en devez
Avoir desdaing, quoy que fusmes occis
Par justice. Toutesfois, vous sçavez
Que tous hommes n'ont pas bon sens
    rassis;
Excusez nous, puis que sommes transis,
Envers le fils de la Vierge Marie,
Que sa grace ne soit pour nous tarie,
Nous preservant de l'infernale fouldre.
Nous sommes mors, ame ne nous harie;
Mais priez Dieu que tous nous vueille
    absouldre!

La pluye nous a buez et lavez,
Et le soleil dessechiez et noircis;
Pies, corbeaulx, nous ont les yeux
    cavez,
Et arrachié la barbe et les sourcis.
Jamais nul temps nous ne sommes
    assis;
Puis ça, puis la, comme le vent varie,
A son plaisir sans cesser nous charie,
Plus becquetez d'oyseaulx que dez a
    couldre.
Ne soiez donc de nostre confrarie;
Mais priez Dieu que tous nous vueille
    absouldre!

Ihr Menschenbrüder, die ihr nach uns lebt, / Laßt nicht verhärten euer Herz zu Stein! / Wenn ihr Erbarmen habt und uns vergebt, / Wird Gottes Huld euch selbst einst sicher sein. / Fünf, sechs hat man gehenkt hier im Verein. / Längst ist der Leib, den wir gepflegt, genährt, / Entblößt von Fleisch; die Zeit hat es verzehrt, / Bald sind die Knochen auch zu Staub zerfallen, / Verlacht uns nicht! Wer weiß, was euch beschert! / Kniet hin und betet: »Herr, vergib uns allen!«

Wenn wir euch rufen, Brüder, dürft ihr nicht / Mißachten unser Flehn und Wehgeschrei, / Ob auch zu Recht uns strafte das Gericht! / Ach, keiner ist von Leidenschaften frei! / Fürbitte tut, damit uns gnädig sei / Mariens Sohn, daß, wenn der Leib versinkt, / Der Seele doch dereinst Erlösung winkt, / Daß wir der Hölle nicht zum Opfer fallen, / Der Jüngste Tag uns nicht zum Zittern bringt! / Kniet hin und betet: »Herr, vergib uns allen!«

Gepeitscht von Regengüssen, Hagelschlag, / Gedörrt von Sonnenglut und schwarz gesengt, / Haar, Brauen, Bart von Raben Tag um Tag / Gerupft, die Augen ausgehackt! Bedenkt, / Wie wir geschlottert, hin und her geschwenkt / Vom Wind, der nie in seinem Spiel geruht! / Gedellt die Haut gleich einem Fingerhut, / Zerpickt von Schnäbeln und zerfetzt von Krallen! / Bleibt ferne unsrer Zunft! Ich rate euch gut! / Kniet hin und betet: »Herr, vergib uns allen!«

Prince Jhesus, qui sur tous seigneurie,
Garde qu' Enfer n'ait de nous la mais-
trie:
A luy n'ayons que faire ne que souldre.
Hommes, icy n'a point de mocquerie,
Mais priez Dieu que tous nous vueille
absouldre!

Fürst Jesu, unser Herr, nimm uns in Hut, / Bewahr uns vor der Hölle Flammenglut, / Laß uns nicht büßen unser Erdenwallen. / Hier muß verstummen Spott und Übermut! / Kniet hin und betet: »Herr, vergib uns allen!«

»Villon«, schrieb der französische Literarhistoriker Nizard, »hat Mut und Geschmack. Er versteht es, von seinen Gefühlen nur die auszudrükken, die er mit jedermann gemein hat, und das, was ihn von anderen trennt, für sich zu behalten.«

Auf die gleiche allgemeinverständliche Weise, volkstümlich und illusionslos, ein bißchen zynisch und dennoch brüderlich, dichten und singen auch die modernen Nachfahren des großen Villon – Brassens wie Ferré, der seinem Vorbild so huldigte:

La poésie fout l'camp Villon!
Emmène-moi, emmène-moi,
Nous irons boire à Montfaucon
A la santé de la chanson.

Die Poesie macht sich davon, Villon! / Nimm mich mit, nimm mich mit, / Wir werden in Montfaucon* / Auf das Wohl des Chansons trinken.

Einer der ersten Schüler Villons war Aristide Bruant (1851 bis 1925). Die soziale Lyrik, die Bruant, Chansonsänger und politischer Kabarettist, um die Jahrhundertwende auf dem Montmartre vortrug, ist deutlich von dem großen Vaganten inspiriert. Wie die Verse des mittelalterlichen Poète maudit sind auch Bruants zynische Töne voller Warmherzigkeit und Erbarmen. Ebenbürtig, wie seine Zeitgenossen behaupten, ist Bruant seinem Vorbild jedoch nicht. Seine populäre Diktion – ein beschränkter Wortschatz, der mit der sozialen Schicht verschwand, die er besang – ist oft ohne Tiefe, die Gestalten, die er lobte und angriff, ähneln zu sehr den Bilderbogenhelden der »Estampes d'Epinal«.

Bruant, ein ehemaliger Rollkutscher von der Pariser Gare du Nord, machte auf sich aufmerksam, als er, in schwarzen Samthosen und roter Schärpe um den Leib, provozierend frech und mit der brutalen Dreistigkeit des Schüchternen, der widerborstig ist, die »Anklage der Recht- und Besitzlosen aus den Gefängnissen und Arbeitshäusern« sang. Bruant forderte Recht und Gerechtigkeit für die Aufsässigen und Empörer, »nahm für die Elenden das Gesetz in Anspruch, das Recht des Bürgers auch für die, die eine stiefmütterliche Gesellschaft von Kind an mißachtet hatte« (Bruant). Der Volkssänger betrachtete sich als Fürsprecher der »Opfer eines morschen Staates voll sozialer Ungerechtigkeit«:

* In Montfaucon stand der größte Galgen von Paris.

Moi, je n'sais pas si j'suis d'Grenelle,
De Montmartre ou de la Chapelle,
D'ici, d'ailleurs ou de là-bas;
Mais j'sais ben qu'la foule accourue,
Un matin, m'a trouvé su' l'tas
Dans la rue.

Ya ben des chanc's pour que mon père
Il ay' jamais connu ma mère
Qu'a jamais connu mon daron,
Mon daron qui doit l'avoir eue,
Un soir de noc', qu'il était rond,
Dans la rue.

J'm'ai jamais connu d'aut' famille
Que la p'tit marmaill' qui fourmille,
Aussi quand ej'm'ai marida,
J'm'ai mis avec un' petit' grue
Qui truquait, le soir, à dada,
Dans la rue.

C'était un' petit' gonzess' blonde
Qu'avait la gueul' de la Joconde,
La fess' ronde et l' téton pointu
Et qu'était aussi bien foutue
Qu'les statu's qui montrent leur cul
Dans la rue.

C'est ça qu'c'était ben mon affaire!...
Mais un beau soir a s'a fait faire:
Les mœurs l'ont fourrée au ballon
Et, depuis qu'elle est disparue,
J'sorgue à la paire et j'fais ballon
Dans la rue.

A présent, où qu'vous voulez
     qu'j'aille?
Vous vouderiez-t'y que j'travaille?
J'pourrais pas... j'ai jamais appris...
Va falloir que j'vole ou que j'tue...
Hardi! Joyeux, pas vu... pas pris...
Dans la rue.

Ich weiß nicht, stamm' ich aus Grenelle, / Von dem Montmartre, von Chapelle, / Von einem andern heiligen Fleck. / Ich kenne nicht einmal die Stelle, / Wo man mich morgens fand im Dreck, / Auf der Straße.

Weiß nicht, wie sich mein Vater nannte, / Auch nicht, ob meine Mutter ahnte, / Wer damals plötzlich wie ein Vieh / Sie nahm – und in die Nacht sich wandte, / Total besoffen so wie sie / Auf der Straße.

Hab kein Zuhaus gekannt, beim Himmel! / Wuchs auf im Waisenhausgewimmel. / Dann nahm mich auf ein flottes Ding. / Sie brauchte einen strammen Lümmel, / Wenn sie am Abend strichen ging, / Auf der Straße.

Nicht übel war die blonde Kleine, / 'ne tolle Biene, keß wie keine. / Die Backen prall, die Brüste steil, / Bot sie sich im Laternenscheine / Wie eine Marmorstatue feil / Auf der Straße.

Gut war es, daß ich sie gefunden. / Doch dann – sie ging nur mal nach Kunden / Wie immer abends aus dem Haus – / Fing man sie weg. Seit sie verschwunden, / Trieb ich mich rum, und schlief mich aus / Auf der Straße.

Und jetzt – wohin soll ich noch gehen? / Soll ich nach Arbeit mich umsehen? / Hab nur gelernt, wie man was kappt, / Kann einem mal den Hals umdrehen, / Im Dunkeln, wo mich keiner schnappt / Auf der Straße.

Et pis zut! et viv'nt les aminches!
Viv'nt les escarp' et viv'nt les
    grinches!...
Un jour faudra que j'passe aussi
D'vant la foule encore accourue
Pour voir ma gueule en raccourci,
Dans la rue.

Ah bah! Mich zieht's in die Spe-
lunken / Zu Hurentreibern und
Halunken. / Einst findet man
mich jedenfalls / Elend verreckt
und ausgestunken / Im Rinnstein
mit durchschnittnem Hals / Auf
der Straße.

Bruant, der, wie seine Kollegin Yvette Guilbert schreibt, die Verkom-
menen liebte wie »Franziskus von Assisi die Aussätzigen«, war der
Sänger einer »Morgengrauen-Gesellschaft« (so der Schriftsteller Pierre
Mac Orlan). Seine Modelle waren Zuhälter, Messerhelden, Taschen-
diebe und Strichmädchen, die er mit dem ihnen eigenen rüpelhaften
Jargon darstellte.
»Das Volk der Vorstädte«, schrieb Bruant in seiner Autobiographie,
»hatte meine Chansons rasch verstanden und griff sie instinktiv auf.«
Es waren Lieder von der »Rose blanche«, von »Nini-peau-d'chien«,
der rothaarigen Räuberbraut aus der Bastille, Lieder, mit denen
Bruant seinen Ruhm begründete und die auch heute noch volkstümlich
sind.

Quand alle était p'tite,
Le soir, alle allait,
A Saint' Marguerite,
Où qu'a s'dessalait;
Maint'nant qu'alle est grande
All' marche, le soir,
Avec ceux d'la bande
Du Richard-Lenoir.
    A la Bastille
    On aime bien
    Nini-Peau-d'chien:
    Alle est si bonne et si gentille!
    On aime bien
    Nini-Peau-d'chien
    A la Bastille.

Früher ging sie beten, / Weinte
fromm sich aus / In Sankt Marga-
rethen / Und lief brav nach
Haus. / Heut jedoch, o Schande, /
Treibt sie sich fürwahr / Nachts
rum mit der Bande / Von Richard
Lenoir!
    Bei der Bastille / Macht jeder
    nur / Nini die Cour, / Der Räu-
    berbraut von der Bastille, /
    Macht jeder nur / Nini die
    Cour! / Auf zur Bastille!

Haut hat sie wie Seide, / Wird
gleich puterrot / Oder weiß wie
Kreide, / Wenn Polente droht. /

Alle a la peau douce,
Aux taches de son,
A l'odeur de rousse
Qui donne un frisson...
Et de sa prunelle,

Aux tons vert-de-gris,
L'amour étincelle
Dans ses yeux d'souris.
   A la Bastille...

Quand le soleil brille
Dans ses cheveux roux,
L'géni' d'la Bastille
Lui fait les yeux doux,
Et, quand a s'promène,
Du bout d' l'Arsenal,
Tout l'quartier s'amène
Au coin du canal.
   A la Bastille...

Mais celui qu'alle aime.
Qu'alle a dans la peau,
C'est Bibi-la-Crème,
Parc' qu'il est costeau,
Parc' que c'est un homme
Qui n'a pas l'foi' blanc,
Aussi faut voir comme
Nini l'a dans l'sang!
   A la Bastille...

Ihre Augen kreisen / Wie die
einer Maus, / Strahlen stets mit
leisem / Lächeln Liebe aus.
   Bei der Bastille...

Sieht man sie flanieren / Nahe
beim Kanal, / Wie die Kerls mar-
schieren / Gleich zum Arsenal, /
Zu der dreißiger Jahre / Sieges-
monument! / Ninis rote Haare /
Leuchten, wie wenn's brennt!
   Bei der Bastille...

Doch sie möcht, es käme / Einer
nur zu ihr, / Nur Bibi-la-crème, /
Der stark wie ein Stier. / Keine
reine Weste / Hat er, wie bekannt, / Doch ihm, der der
Beste, / Frißt sie aus der Hand.
   Bei der Bastille...

Bruant trug seine Chansons in einem Cabaret auf dem Montmartre vor,
das der Bierbrauersohn und Maler Rudolphe Salis 1881 eröffnet und
dem er – von Edgar Allan Poes Schauergeschichten angeregt – den
Namen »Chat Noir« gegeben hatte. Dieses erste europäische Cabaret
modernen Stils war Treffpunkt einer Bohèmegruppe der »Académie des
Hydropathes«. Jeden Freitag kamen diese »Wasserapostel« in einem
Saal im ersten Stockwerk des »Chat Noir« – das Erdgeschoß war als
Bilder-Galerie eingerichtet – zu Spiel und Gesang zusammen. Gesungen
wurden vor allem alte französische Volkslieder wie »Sur le pont d'Avi-
gnon« – zuerst noch gemeinsam, dann von Solisten. Ein Augenzeuge
berichtet: »Man trug neue Gedichte vor, sang Couplets von unerhörter
Schärfe und Bosheit, Jules Verne, Jony und Aristide Bruant sangen ihre
Verbrecherlieder, Mac-Nab, Marcel Legay, G. Fragerolle, Pierre Tri-
moullat, Henri d'Erville und Victor Mensy ihre Chansons, Rollinet trug
Gedichte von Baudelaire und seine eigenen düsteren Dichtungen vor,
sich selbst am Klavier begleitend...«
Von den Formen des Pariser »Cabaret artistique«, von Gedicht-Rezita-
tionen und Chansonvortrag ließen sich auch deutsche Künstler anregen:

In Berlin gründete Ernst von Wolzogen 1901 sein »Überbrettl«, in München etablierten sich die »Elf Scharfrichter« – einer von ihnen, Achille Georges d'Ailly-Vaucheret (Pseudonym: Marc Henry) war zuvor im »Chat Noir« aufgetreten.

Als die »Akademie der Wasserapostel« nach vielen Messerstechereien und der Ermordung eines Kellners ihr Versammlungslokal wieder verließ, blieb Bruant allein zurück. In seiner Zeit erlebte das »Chat Noir« dann seine Blütezeit.

Die Bürger der Belle Epoque drängten sich in das von Bruant in »Mirliton« umbenannte Cabaret, um ebenso wie die Stammgäste Emile Zola, Alexandre Dumas Sohn, Henri de Toulouse-Lautrec und Claude Debussy, der den Gesang gelegentlich mit einer Blechgabel dirigierte, den vulgären Charme Bruants zu genießen. Bruant, von den Zuhältern des Montmartre stets als einer der ihren angesehen, behandelte seine Gäste »wie Dreck«. In der Zeitschrift »Mirliton« ist eine Begrüßungsrede Bruants festgehalten: »Na, ihr blöden Fressen? Dreckhaufen! Hierher, meine Damen, hierher! Neben den kleinen Dicken da! Das geht doch sehr gut, sitzen ja nur fünfzehn Mann auf der Bank! Mein Gott! Kneift halt die Arschbacken ein bißchen zusammen!«

»Darüber«, so schrieb Bruant, »lachen sie Tränen, weil sie meinen, ich mache Spaß. Und dabei stößt mir oft die Vergangenheit auf, das Elend, das ich erduldet habe, der Dreck, den ich gesehen habe, drängt sich mir auf die Lippen, daß ich so rede, wie ich rede.«

I's sont des tin', i's sont des tas,
Des fils de race et de rastas,
Qui descendent des vieux tableaux,
Ah! les salauds!

Wir sind sie heut' noch längst nicht los, / Die Gauner, und sie pochen groß / Noch auf ihr Adelsprivileg. / Ah, sie sind Dreck!

I's sont presque tous décorés,
I's ont des bonn's ball's de curés,
On leur-z'y voit pus les calots,
Ah! les salauds!

Sie tragen Orden mit Bravour / Und stammen von 'ner Pfaffenhur'. / Die Augen sieht man nicht vor Speck! / Ah, sie sind Dreck!

I's sont presque mal bâtis;
I's ont les abatis, trop p'tits
Et des bidons comm' des ballots,
Ah! les salauds!

Sie sind wie Gnome von Figur, / Die Arme, Beine spinnelig nur, / Die Bäuche wie ein praller Sack. / Ah, dieses Pack!

Rapport que tous ces dégoûtants
I's pass'nt leur vie, i's pass'nt leur
    temps
A s'empiffrer des bons boulots,
Ah! les salauds!

Nur für ein einziges Ziel vertut / Das Leben diese faule Brut: / Sich vollzustopfen seinen Sack! / Ah, dieses Pack!

Le soir i's vont dans des salons,
Pour souffler dans leurs pantalons,
Oùsqu'is envoy'nt des trémolos,
Ah! les salauds!

Après i's s'en vont vadrouiller,
Picter, pinter, boustifailler
Et pomper à tous les goulots,
Ah! les salauds!

Ensuite i's vont dans les endroits
Oùsqu'i' va les ducs et les rois,
Là où qu'y a qu'les volets d'clos,
Ah! les salauds!

Quand on les rapporte, l'matin,
I's sent'nt la vinasse et l'crottin
Qui i's ont bu' dans les caboulots,
Ah! les salauds!

Eh bien! ces tous ces cochons-là
Qui font des magn' et du flafla
Et c'est nous qu'i's appell'nt soulauds,
Ah! les salauds!

I's sont des tin', i's sont des tas,
Des fils de race et de rastas,
Qui descendent des vieux tableaux,
Ah! les salauds!

Und nachts spielt dies Gelichter dann / In den Salons den feinen Mann, / Dumm schwänzeln sie herum im Frack. / Ah, dieses Pack!

Auf Weibersuche hinterher, / Da fressen, saufen sie noch mehr, / Gleich, was die Kneipe kosten mag, / Ah, dieses Pack!

Dann sieht man sie in einem Haus, / Wo höchste Herrn gehn ein und aus, / Verschwinden hinterm Fensterschlag. / Ah, dieses Pack!

Schließt morgens früh der Wirt den Puff, / Sind sie so voll von üblem Suff, / Daß sie umfallen wie ein Sack. / Ah, dieses Pack!

Wie Schweine liegen die im Dreck, / Erfüllen nur noch einen Zweck: / Gepinkel machen und Gekack. / Ah, dieses Pack!

Wir sind sie heut' noch längst nicht los, / Die Gauner, und sie pochen groß / Noch auf ihr Adelsprivileg. / Ah, sie sind Dreck!

Die Zuhörer, »ein Haufen von Idioten« (Bruant), die von Kellnern in Rokoko-Kostümen bedient wurden und für die sich der Chanson-Sänger von zehn Uhr abends bis zwei Uhr früh heiser schrie, hat Bruant selbst beobachtet: »Studenten und Küchenmädchen, bummelnde Lebemänner mit Dämchen, Stutzer, wirkliche Herren und ihre durch den Krawall und das gemischte Publikum verschüchterten Damen«; der Kellner Maxime stieß und drängelte sie alle ins »Chat Noir«, placierte sie zwischen Maler des Quartier, Dichter der Butte und Ballettmädchen. »Denn von zehn Uhr abends bis zwei Uhr früh sang dort jener Bursche seine frechen Verse, zwang die Zuhörer zum Mitsingen des aggressiven Refrains, begrüßte dazwischen neue Besucher, trank mit Professoren, frotzelte die Rüpel, beschimpfte die Hohlköpfe, goß seinen Spott über die Prominenz, behandelte Adelige wie Kosaken und duzte Könige.«

Während Béranger noch ein gutes halbes Jahrhundert zuvor seine Chanson-Attacken gegen die soziale Ordnung mit Gefängnisstrafen büßen mußte, war Bruant der Clown jener Gesellschaft, die er angriff. Doch Bruant trug wesentlich dazu bei, die sogenannte Montmartre-Epoche zu kreieren: Der Montmartre war vom Beginn des 20. Jahrhunderts an das Wohn- und Vergnügungsviertel der Gesellschaft der Dichter (Zola) und Maler (Toulouse-Lautrec, Utrillo, Rousseau). Picasso unterhielt auf dem Montmartre sein berühmtes Atelier »Bateau-Lavoir«. Nach dem Ersten Weltkrieg zogen die Künstler und Literaten dann nach Montparnasse. Hier fand die »verlorene Generation« Zuflucht, hier dichteten Hemingway, Dos Passos und Gertrude Stein. Im »Dôme« oder der »Rotonde« saßen André Gide, Modigliani und Cocteau. Nach dem Montparnasse wurde um 1946 Saint-Germain-des-Prés der Treffpunkt der Künstler und Schriftsteller: Sartre, Camus, Prévert, Vian.

Großen Nachruhm hat sich der kämpferische Moralist Bruant auch noch anderweitig gesichert. Mit seinen treffsicher gesungenen Monologen fand er die Form des modernen Chansons – eine Form, die für nach ihm kommende Sänger-Generationen richtungweisend blieb. Seit Bruant ist das Chanson »Welttheater in drei Minuten« (Paul Burkhard) und »schlackenloser Extrakt der Schauspielkunst« (Alfred Polgar), ein zu Instrumentalbegleitung deklamierter lyrischer, humoristischer oder satirischer Sprechgesang, bei dem sich Melodie und Rhythmus einem anspruchsvollen Text unterordnen. Das Chanson, Poesie fürs Volk, ist eine so breite Kunstgattung, daß der Berliner Kritiker Alfred Kerr, nachdem er Bruant gehört hatte, schreiben konnte: »In diesen Liedern ist alles, Kot und Glorie, Himmlisches und Niederstes. Mit einem Wort: Menschliches, Menschliches, Menschliches.«

Aus dem »Riesenschatten« Aristide Bruants, der alle mitsingenden Zeitgenossen verdeckte – Felix Mayol, Paul Delmont und Esther Lekain etwa –, kam nur eine einzige Chansonsängerin ans Licht. Es war »eine große hagere Person, mit eckigen, saloppen, gesucht unschönen, aber suggestiven Gesten, Gesten von ... einem erschreckenden Zynismus, einer verruchten Blasiertheit ... Mit einem hysterisch leidenschaftlichen Akzent zwischen den großen schmalen Lippen hervorgestoßen, fallen die Worte: in einem degoutierten, ennuyierten Ton, rhythmisch abgehackt ... Das blasse, knochige Gesicht, in dem über den spitzen Backen nur die grauen harten Augen zu glühen scheinen, wie phosphorisierend unter dem verblichenen Rot der welken strohigen Haare; die weite, helle Masse des schlichten, damenhaften Kleides; jäh durchschnitten zuweilen von den wie getuschten, langen zittrigen Flecken der Handschuhe, in denen die dürren Arme steckten; das lebendig gewordene

Plakat, dieses Mannweib, halb verblühte Kokotte, halb englische Gouvernante« – das war Yvette Guilbert. So beschrieb Erich Klossowsky in seinem 1903 erschienenen Buch »Die Maler vom Montmartre« die Chansonsängerin.

Die Guilbert (1866 bis 1944) hatte als Modistin und Mannequin gearbeitet, bevor sie nach ein paar erfolglosen Versuchen beim Theater – später spielte sie in Murnaus »Faust«-Film mit – zum Chanson kam und 1891 in einem der damals beliebten Cafés-Concerts, im »Concert Parisien«, debütierte. Im Gegensatz zu Bruant, der Text und Musik seiner Chansons selbst schrieb, war Yvette Guilbert nur Interpretin – die bedeutendste freilich, die Frankreich je hervorgebracht hat. »Ob sie den sakralen Ton alter Legenden oder die ritterliche Melodie mittelalterlicher Balladen anschlägt, ob sie als Rokokodämchen kokettiert oder als Bérangers ›Großmutter‹ aus behaglich keckem Lebensgenuß der bürgerlichen Kultur lächelt – sie gibt immer einen vollkommenen Stil« (Julius Bab). Während sich Bruant oft von einer zündenden Melodie zu einer vordergründigen Interpretation hinreißen ließ, blieb Yvette Guilbert, von einem Klavier begleitet, stets distanziert. Sie wurde das Vorbild der intellektuellen Chanson-Sänger bis zur Gegenwart und erfüllte vollkommen, was der Komponist Paul Burkhard vom Chanson-Künstler fordert: »Ein gewiegter Chansonnier schafft sich für seine drei Minuten ein eigenes Theater, er gibt Expositionen, Verwicklungen, Höhepunkte, alles durch sich selbst, nicht anders als die Puppenspieler der Jahrmärkte, die in einem Kasten stecken, selber deklamieren, über ihrem Kopf die Puppe mit den Händen bewegen und so eine ganze Welt in Bewegung bringen.«

Die stilbewußte und wandlungsfähige Yvette Guilbert war die erste, die eine solche eigene Welt in Bewegung setzte. Was sie zu Beginn des Jahrhunderts sang – »L'hôtel du numéro 3«, »Les complaintes des quatre étudiants«, »Le fiacre« oder »Madame Arthur« –, steht auch heute noch im Repertoire erfolgreicher Sänger wie Juliette Gréco, Barbara, Yves Montand oder der Frères Jacques.

Madame Arthur est une femme
Qui fit parler d'elle longtemps,
Sans journaux, sans rien, sans
   réclame,
Elle eut une foule d'amants.
Chacun voulait être aimé d'elle,
Chacun la courtisait, pourquoi?
C'est que, sans être vraiment belle,
Elle avait un je ne sais quoi.
   Madame Arthur.

Madame Arthur ist eine Dame, / Von der man schon seit langem spricht. / Ganz ohne Presse und Reklame, / Fehlt es ihr an Verehrern nicht. / Daß jeder will von ihr geliebt sein / Und mit ihr flirtet, macht ihr Spaß. / Schön ist sie nicht – was mag der Grund sein? / Sie hat ein – ja, ich weiß nicht was... / Madame Arthur.

Sa taille était fort ordinaire,
Ses yeux petits, mais sémillants,
Son nez retroussé, sa voix claire,
Ses pieds cambrés et frétillants.
Bref, en regardant sa figure,
Rien ne vous mettait en émoi,
Mais par derrière, sa tournure
Promettait un je ne sais quoi.
  Madame Arthur.

Il fallait la voir à la danse;
Son entrain était sans égal,
Par ses mouvements, sa prestance,
Elle était la reine du bal.
Au cavalier lui faisant face
Son pied touchait le nez, ma foi.
Chacun applaudissait sa grâce
Et surtout son je ne sais quoi!
  Madame Arthur.

De quoi donc vivait cette dame?
Montrant un grand train de maison,
Courant au Vaudeville, au drame,
Rien qu'à l'avant-scène, dit-on.
Elle voyait, pour l'ordinaire,
Venir son terme sans effroi,
Car, alors, son propriétaire,
Admirait son je ne sais quoi!
  Madame Arthur.

Ihre Figur ist ein Gestell nur, / Klein sind die Augen, aber blink. / Die Nase keck, Organ ein hell Dur, / Trotz krummer Beine ist sie flink. / Kurz, wenn man sie von vorn betrachtet, / Dann ist der Eindruck ziemlich blaß, / Doch wer von hinten auf sie achtet, / Verspricht sich ein – ich weiß nicht was... / Madame Arthur.

Man muß sie nur beim Tanz erleben – / Ihr Schwung ist einfach fabelhaft! / Die Anmut und ihr leichtes Schweben / Ganz königlich und feenhaft. / Wenn ihr ein Herr zu nahe tritt, / Dann trifft ihr Fuß sein Augenglas. / Ein jeder schwärmt von ihrem Schritt / Und von – na ja, ich weiß nicht was... / Madame Arthur.

Man fragt sich, wovon lebt die Beste? / Sie führt doch stets ein großes Haus, / Läuft ins Theater, feiert Feste / Bei Tag und Nacht in Saus und Braus. / Sieht ohne Furcht den Ersten kommen – / Erklärt mir nur, wie macht sie das? / Dann heißt den Hausherrn sie willkommen, / Auch er schätzt ihr – ich weiß nicht was... / Madame Arthur.

Yvette Guilbert, die eine »Technik des Chansonvortrags« (»L'art de chanter«) veröffentlichte und in der Schweiz, in Amerika und Frankreich Schauspielschulen gründete, hat sich in der Atmosphäre der bürgerlichen Cafés-Concerts, in denen sie häufig auftrat, nie sonderlich wohl gefühlt. In ihrer Autobiographie »La chanson de ma vie« gesteht sie: »In der Kulisse fing ich zu zittern an, als ich den großen Beifall hörte, den das Publikum einer Sängerin spendete, die einen Gassenhauer herunterheulte und in Gesten und Gesang die Grenzen der Schicklichkeit überschritt. Doch die Gäste sangen mit und machten einen Höllenspektakel. Jedesmal wenn sie die Bühne verließ, klatschten sie und riefen sie zurück. Echauffiert und außer Atem, den üppigen Busen in Schweiß gebadet, die Arme gerötet vor Hitze, sah sie aus wie ein Riesenhummer. Die Augen quollen ihr aus dem Kopf, und auf die Stirn fielen ihr wie Roßhaare die schwarzen Fransen. Ich habe mich nie mehr auf ihren Namen besinnen können, aber ich werde wohl nie vergessen, welche Trauer an diesem Abend mein Herz erfüllte, sprachlos, fassungslos fühlte ich mich diesem Wesen und diesem Publikum gegenüber. Das also war das Café-Concert. Mein Gott, mein Gott.«

Ein ähnliches Schicksal blieb der Guilbert erspart. Dank der literarischen Bildung, die sie sich nach und nach angeeignet hatte, fand sie bald einen neuen revolutionären Interpretationsstil. »Zu dieser Zeit«, schreibt die Sängerin, »war ich ganz in den Naturalismus vertieft. Mein Geschmack neigte zu Schriftstellern wie Zola, Goncourt, Maupassant.« Sie träumte von Lebenswahrheiten und suchte in den Chansons zum Ausdruck zu bringen, was die Schriftsteller im Roman verwirklicht haben: »In meinem Kopf gewann etwas Neues Umrisse, Umrisse, die noch nicht ganz deutlich waren. Allmählich suchte ich mir überall das künftige Repertoire zusammen, das meinen Ausdrucksmöglichkeiten entsprach. Es sollte sehr mannigfaltig und umfassend sein und von der Farce bis zum Tragischen reichen, ich wollte viele Farben auf der Palette haben.«

An jenem Tag, an dem die Guilbert durch Zufall das Buch »Sans gêne« des unbekannten Dichters Léo Xanrof bei einem Bouquinisten an der Seine entdeckte, fand sie das Genre, das sie suchte: die Satire. Dem Makabren und Ätzenden gab sie fortan den Vorrang.

Un fiacre allait trottinant,
  Cahin, caha
  Hu' dia! Hop là!
Un fiacre allait trottinant,
Jaune, avec un cocher blanc.

Derrièr' les stores baissés,
  Cahin, caha
  Hu' dia! Hop là!
Derrière les stores baissés
On entendit des baisers.

Puis un' voix disant: ›Léon‹,
  Cahin, caha
  Hu' dia! Hop là!
Puis un' voix disant: ›Léon,
Tu m'fais mal: ôt' ton lorgnon.‹

Ein Fiaker fuhr im leichten Trab – / Hüo! Klipp-klapp, / Hoppla! Tripp-trapp! / Ein gelber Fiaker fuhr im Trab / Mit weißem Kutscher die Straße hinab.

Und hinter geschlossenen Gardinen – / Hüo! Klipp-klapp, / Hoppla! Tripp-trapp! / Und hinter geschlossenen Gardinen / Sich zwei Verliebte zu küssen schienen.

Da sagt eine Stimme: ›Lieber Léon –‹ / Hüo! Klipp-klapp, / Hoppla! Tripp-trapp! / Da sagt eine Stimme: ›Lieber Léon, / Du tust mir weh! Nimm weg dein Lorgnon!‹

Un vieux Monsieur qui passait,
  Cahin, caha
  Hu' dia! Hop là!
Un vieux Monsieur qui passait
S'écria: ›Mais... on dirait qu'c'est.‹

›Ma femme dont j'entends la voix!‹
  Cahin, caha
  Hu' dia! Hop là!
›Ma femme dont j'entends la voix.‹
I' s'lance su' l'pavé en bois,

Mais il gliss' su' l'sol mouillé,
  Cahin, caha
Hu' dia! Hop là!
Mais il glisse su' l'sol mouillé:
Crac! il est escrabouillé!

Du fiacre un' dam' sort et dit...
  Cahin, caha
  Hu' dia! Hop là!
Du fiacre une dame sort et dit:
›Chouett' Léon, c'est mon mari!

Y a plus besoin d'nous cacher!‹
  Cahin, caha
  Hu' dia! Hop là!
›Y a plus besoin d'nous cacher...
Donn' donc cent sous au cocher!‹

Ein alter Herr ging grad vorbei – /
Hüo! Klipp-klapp, / Hoppla!
Tripp-trapp! / Ein alter Herr ging
grad vorbei / Und sagte erschrok-
ken mit leichtem Schrei:

›Ich kenne die Stimme. Das ist
meine Frau!‹ / Hüo! Klipp-klapp, /
Hoppla! Tripp-trapp! /
›Ich kenne die Stimme. Das ist
meine Frau!‹ / Und fällt aufs Pfla-
ster, ihm wurde ganz flau.

Er glitt auf den Boden, hin in
den Dreck – / Hüo! Klipp-klapp, /
Hoppla! Tripp-trapp! / Er glitt
auf den Boden, hin in den
Dreck. / Plumps, lag er da und
war schon weg.

Aus dem Fiaker stieg eine Dame
sodann – / Hüo! Klipp-klapp, /
Hoppla! Tripp-trapp! / Aus dem
Fiaker stieg eine Dame sodann: /
›Mein liebster Léon, das ist ja
mein Mann!

Vorbei ist es mit dem Verstek-
kenspiel!‹ / Hüo! Klipp-klapp, /
Hoppla! Tripp-trapp! / ›Vorbei
ist es mit dem Versteckenspiel! /
Gib dem Kutscher ein Trinkgeld,
doch nicht zuviel!‹ / Hüo! Klipp-
klapp, / Hoppla! Tripp-trapp.

Mistinguett, Maurice Chevalier, Charles Trenet

In der Belle Epoque waren in Paris die Cafés-Concerts, in denen Chansonsänger, Tänzer und Akrobaten auftraten und nach jeder Nummer an den Tischen Kollekte machten, zumindest ebenso zahlreich wie heute die Kinos. Die bekanntesten, die sogar ganze Theaterstücke aufführen ließen und für die Toulouse-Lautrec und Jules Chéret die Plakate malten, lagen an den großen Boulevards Saint-Martin und Saint-Denis, an den Champs-Elysées (»Les Ambassadeurs«) und auf dem Montmartre: der »Divan Japonais«, das »Eldorado«, das »Parisiana«, die »Scala« und das »Petit Casino«.

Der Caféhaus-Sänger, der nach 1900 das größte Echo hatte, war ein Charmeur mit falschen blonden Haaren, einem künstlichen Maiglöckchen im Knopfloch seines Fracks und einer seidenweichen Stimme: Mayol (1871 bis 1941) verkörperte die Sorglosigkeit und Ausgelassenheit der Belle Epoque schlechthin. Seine Texte von sympathischen kleinen Arbeiterinnen, Näherinnen und Lehrmädchen begleitete Mayol mit auffallend gut einstudierten, harmonischen Gesten. Lieder wie »Viens poupoule«, »Cousine«, »Les mains de femmes« oder »A la cabane bambou« machten ihn so berühmt, daß viele Cafés-Concerts bald Mayol-Imitatoren anstellten. Seine wichtigsten Rivalen, die an Mayols Popularität jedoch nie herankamen, waren Polin und Fragson. Fragson endete tragisch: Sein Vater erschoß ihn wegen eines Liebesstreits auf offener Szene in der Music-Hall »Alhambra«. Polin war der bekannteste »comique troupier«, ein Sänger, der ausschließlich Couplets über das Soldatenleben vortrug.

Diese simplen patriotischen Couplets mit stereotyp wiederkehrenden Liedzeilen, Produkte chauvinistischer Gebrauchsliteratur, waren besonders während des Ersten Weltkrieges beliebt. Sie blieben auch danach noch populär – bessere, richtige Chansons wurden sie dadurch nicht. »Das Chanson«, schreibt Luc Bérimont, »dämmerte in der Narkose.« Für künstlerische Unterhaltung, für die Volkskunst der Cabarets und Cafés-Concerts hatten die Franzosen in den »Roaring Twenties«, den »Folles années«, wenig übrig, um so mehr für Tango und Charleston, für den gerade erfundenen Tonfilm und die Revuen der Folies-Bergère. In diesen Shows hatten die aggressiven Texte à la Bruant oder alte Volkslieder à la Guilbert nichts zu suchen. Statt dessen trug Joséphine Baker

ihre Bananen zur Schau, und auch Lucienne Boyer (»Parlez-moi d'a-
mour«), die Chanson-»Tragödin« Damia und die »Chanteurs de charme« Tino Rossi und Jean Sablon machten nur – wenn auch gutes –
Entertainment.

Star in diesem Show-Business war die Mistinguett. Sie wurde als Jeanne
Bourgeois 1873 im Pariser Vorort Enghien-les-Bains geboren und schlug
sich als Blumenverkäuferin durch, bevor sie – nach jahrelangem Schau-
spieltraining – mit 45 zur »Königin der Pariser Revuetheater« empor-
stieg. Die »beste Interpretin im heiteren Fach« sang rosige Lieder über
Paris und über schöne arme Mädchen von der Seine, die von Glück und
Reichtum träumen. Die Handwerkertochter Mistinguett galt wegen
ihres plebejischen Charmes und ihres Mutterwitzes, ihrer Gutmütigkeit,
Schlagfertigkeit und Eleganz als Idealverkörperung der Pariserin.

Un jour un rich' Brésilien
M'a dit vraiment vous avez du chien
Et si vous le voulez bien
Vous allez pendant un mois
Dans le Graf Zepp'lin avec moi
Faire un voyag' plein d'émoi,
Parcourant le monde entier
Partout je peux vous acheter
Tout ce que vous voudrez porter
Des rob's de Santiago
Des châl's de Bilbao
Mais sans lui laisser l' temps
J'ai répondu tout simplement
Je suis née dans l' faubourg Saint-
    Denis,
Et j' suis restée un' vrai' goss' de Paris,
Des toilettes, pour moi, voyez-vous,
Y a qu'à Paris qu'on en trouve à son
    goût.
Un bout d' satin
Mis dans les mains
D'un' Parisienne
Par un p'tit rien
Bientôt devient
L' manteau d'une reine...
Je suis née dans le faubourg Saint-
    Denis
Faut pas m' la fair', j' suis un' goss' de
    Paris.

Eines Tages hat mir ein reicher
Brasilianer / Wahrhaftig gesagt:
Sie sind vielleicht chic! / Wenn
Sie wollen, / Können Sie einen
Monat lang / Im »Graf Zeppelin«
mit mir / Eine aufregende Reise
kreuz und quer / Durch die Welt
machen. / Und überall kaufe ich
Ihnen, / Was Sie gerne anziehen, /
Kleider aus Santiago, / Schals aus
Bilbao. / Aber ohne ihm noch
weiter Zeit zu lassen, / Habe ich
ganz einfach geantwortet: / Ich
bin im Faubourg Saint-Denis geboren, / Ich bin eine echte Pariser
Pflanze. / Kleider, sehen Sie, die
findet man meiner Meinung
nach / Nur in Paris nach rechtem
Geschmack. / Ein Stück Atlas /
In den Händen / Einer Pariserin
wird / Im Handumdrehen / Zum
Mantel einer Königin... / Ich bin
im Faubourg Saint-Denis geboren, / Ich brauche es nicht erst zu
werden: / Ich bin eine echte Pariser Pflanze.

Eine wirklich gute Sängerin ist die Mistinguett zu keiner Zeit gewesen. Doch die »Miß von Paris« hatte andere Qualitäten, mit denen sie ihr Publikum begeisterte: Sie hatte schöne lange Beine, mit Federn und falschen Diamanten geschmückte Kleider und vor allem Sex-Appeal. In ihrer besten Zeit war sie das, was später Marilyn Monroe den Amerikanern bedeutete: das Sex-Idol ihrer Epoche. Und noch mehr: Als sie 1956 starb, wurde sie als »Wegbereiterin der Fantaisistes« gerühmt, der Sänger, die vorwiegend heitere Songs interpretieren. Tatsächlich stehen der einzige französische Komiker von Weltruf, Henri Salvador, und die Tänzerin und Sängerin Zizi Jeanmaire deutlich in der Tradition der Mistinguett.

Der zweite große Entertainer nach der Mistinguett war Maurice Chevalier. Der Mann im weiß-seidenen Frack traf die Grundstimmung jener frivolen, verspielten Jahre, als er die »pessimistischen Chansons, die traurigen Chansons, die Sänger, die beim Singen weinen«, mit einer eleganten Handbewegung abtat. Er suchte nach den Liedern, die »man nachsingen kann und die entspannen«. »Ich wollte«, schreibt der Revuepartner und zeitweilige Lebensgefährte der Mistinguett, »nie etwas anderes, als mein Publikum erheitern.« Sein Vorbild: der Kanadier Norman French, der bereits 1905 in Paris ein ähnliches Programm verkündet hatte.

Chevalier, 1888 als neuntes Kind eines arbeitslosen Trinkers und einer lungenkranken Mutter im Pariser Armenviertel Ménilmontant geboren, wurde von den Eltern schon mit zehn aus der Schule genommen. Er versuchte sich zunächst als Akrobat in Vorstadtkneipen, gab das Training jedoch bald auf, weil ihm die Kraft in den Armen und Knien fehlte. Danach ging er in eine Elektriker-, dann in eine Metallstecherlehre; er wurde Puppenmaler, Drucker und Verkäufer. Nach jeweils zwei bis drei Wochen wurde er entlassen, weil er sich stundenlang – wie er in seinen vierbändigen Memoiren erzählt – in der Toilette einsperrte und vor einem imaginären Publikum sang und Possen riß.

Mit 13 Jahren hatte Chevalier vorerst erreicht, was er wollte: Als rad- und saltoschlagender Berufssänger verdiente er sein Geld in Vorstadt-Cabarets. Mit dieser Mischung von Gesang, Komödie und Akrobatik, die er seit 1908 in den Folies-Bergère vorführen durfte, wurde Chevalier der erste Chansonsänger Frankreichs, der zu seinen Liedern auch tanzte.

Chevalier hatte sein Genre gefunden: Ohne vulgär zu werden, verstand er, das Publikum mit Chanson-Sketches zu unterhalten. Den Unterschied zwischen seinem Show-Gewerbe und der Chanson-Kunst macht er in seiner Autobiographie unfreiwillig sinnfällig: »Ich fühle mich eher«, schrieb Chevalier, »mit den Zirkusleuten als mit den Schauspielern verwandt.« Der Sketch und die Show waren ihm stets wichtiger als die Texte seiner Chansons – eine Feststellung, die auch für den Chanson-Interpreten und -Komponisten Gilbert Bécaud gilt, der nach Chevalier die perfekteste Chanson-Show bietet. (Bécaud ließ sich für seine bis ins Detail kalkulierten Vorstellungen vom Stil amerikanischer Erfolgssänger inspirieren: In seiner Total-Show werden Scheinwerfer-batterien aufgefahren, er singt mit Chören vom Tonband um die Wette, er heult, schluchzt, springt über die Bühne und läßt in der Pause Rosen verteilen, die das Publikum ihm am Schluß auf das Podium reichen darf.)

Eine weitere entscheidende Anregung für seine Karriere brachte Cheva-lier aus England mit. 1920, nach einem Gastspiel in London, beschloß er, künftig die Bühne im karierten Anzug als englischer Dandy zu betreten, als gepflegter Weltmann und Bonvivant. »Ich hatte einen Sprung ins Nochniedagewesene gewagt«, kommentierte Chevalier den Kostümwechsel. »Ich hatte Eleganz und Lachen, Charme und Groteske, gesungenes Lustspiel und getanztes Chanson verschmolzen. Ich stellte den Typ dar, der für die gesamte sportliche Jugend von damals repräsen-tativ war.« Doch der neue Anzug paßte nicht. Chevalier, immer ein guter Chauvinist, erkannte die Diskrepanz zwischen seinem Aufzug und dem, was er darstellte: Er war der kleine Pariser, der es weit gebracht hatte und der so stolz darauf war. So wechselte er denn schließlich die englische Kleidung gegen Smoking und Frack und setzte einen Stroh-hut auf, jene mittlerweile antiquierte Kopfbedeckung, die zum Sonn-tagsstaat des Pariser Kleinbürgers gehörte. Mit dem Strohhut und dem Lächeln des demi- und pseudo-mondänen Homme à Femmes stieg er unter internationalem Beifall zum »Botschafter der guten Laune« auf. Als Hollywood-Filmstar (»Parade d'amour«, »Playboy of Paris«) und mit dem Lied von Valentine, dem Mädchen mit den kleinen Brüsten, die man so gut abtasten kann, wurde er ein sogenannter Welt-star.

Als »größter Show-Techniker der Music-Hall« war Chevalier nie um-stritten, um so mehr waren es seine Texte, Texte, in denen die »abso-lute Leere gähnt« (Boris Vian). Chevalier mochte es selbst spüren, denn 1937 wartete er unvermittelt mit einem äußerst einfallsreichen Chanson auf, das ihm ein vierundzwanzigjähriger Sänger geschrieben und komponiert hatte: »Y a d'la joie.« Die surrealistischen Verse klan-gen »jung, neu und kräftig«, wie Chevalier selbst zugab, und erzählten vom Eiffelturm, der spazierengeht, weil er sich langweilt, von einem Steuereinnehmer, der sein Kontor schließt und die Steuerzahler nach Hause schickt. In wenigen Monaten hatte dieses Chanson, auf Schallplatten gepreßt, mit nahezu einer Million Auflage alle Ver-kaufsrekorde gebrochen und seinen Autor berühmt gemacht. Er hieß Charles Trenet.

Y a d'la joie bonjour bonjour les hiron-
delles
Y a d'la joie dans le ciel par-dessus le
toit
Y a d'la joie et du soleil dans les ruelles
Y a d'la joie partout y a d'la joie
Tout le jour mon cœur bat chavire et
chancelle
C'est l'amour qui vient avec je ne sais
quoi
C'est l'amour bonjour bonjour les de-
moiselles
Y a d'la joie partout y a d'la joie

Le gris boulanger bat la pâte à pleins
bras
Il fait du bon pain du pain si fin que j'ai
faim
On voit le facteur qui s'envole là-bas
Comme un ange bleu portant ses lettres
au bon Dieu
Miracle sans nom à la station Javel
On voit le métro qui sort de son tunnel
Grisé de ciel bleu de chansons et de
fleurs
Il court vers le bois il court à toute
vapeur.

Y a d'la joie la Tour Eiffel part en
balade
Comme une folle elle saute la Seine à
pieds joints
Puis elle dit: »Tant pis pour moi si je
suis malade
Je m'ennuyais toute seule dans mon
coin«
Y a d'la joie le percepteur met sa ja-
quette
Plie boutique et dit d'un air très
doux
»Bien l'bonjour pour aujourd'hui finie
la quête
Gardez tout messieurs gardez tout«

Überall Freude, guten Tag, guten
Tag, die Schwalben, / Überall
Freude, im Himmel über dem
Dach, / Überall Freude, und
Sonne in den Gassen, / Überall
Freude, Freude überall. / Den
ganzen Tag überschlägt sich
mein Herz und zittert, / Das ist
die Liebe, sie kommt mit – ich
weiß nicht, was / Es ist die Liebe,
guten Tag, guten Tag, ihr Mädchen, / Wie fröhlich ist es überall,
wie fröhlich.

Der graue Bäcker knetet den
Teig mit voller Kraft, / Er macht
gutes Brot, so feines Brot, daß es
mir Appetit macht. / Man sieht
den Briefträger, der dort davon-
fliegt / Wie ein blauer Engel, der
dem lieben Gott seine Briefe
bringt. / Bei der Metro-Station
Javel geschieht ein Wunder: /
Man sieht, wie die Metro aus
dem Tunnel kommt, / Trunken
vom blauen Himmel, von Liedern und von Blumen / Rast sie
mit Volldampf dem Wald entgegen.

Überall Freude, der Tour Eiffel
geht auf Tour, / Wie ein Toller
springt er mit geschlossenen Füßen über die Seine, / Dann sagt
er: »Macht nichts, wenn ich verrückt bin, / Ich langweilte mich so
allein in meiner Ecke.« / Überall
Freude, der Mann vom Finanzamt zieht seine Jacke an, /
Schließt sein Büro und sagt mit
sanfter Miene: / »Schluß mit dem
Kassieren, heute an diesem schönen Tag, / Behalten Sie alles,
Messieurs.«

Mais soudain voilà que je m'éveille dans mon lit
Donc j'avais rêvé oui car le ciel est gris
Il faut se lever se laver se vêtir
Et ne plus chanter si l'on a plus rien à dir'
Mais je crois pourtant que ce rêve a du bon
Car il m'a permis de faire un chanson
Chanson de printemps chansonnette d'amour
Chanson de vingt ans de toujours
Y a d'la joie.

Aber plötzlich erwache ich in meinem Bett, / Ich hatte geträumt – ja, denn der Himmel ist grau, / Ich muß aufstehen, mich waschen und anziehen / Und darf nicht mehr singen, wenn ich doch nichts zu sagen habe, / Aber ich glaube doch, dieser Traum hat etwas für sich, / Denn er hat mir erlaubt, ein Lied zu machen, / Ein Frühlingslied, ein Liebeslied, / Ein Lied für die ewig Zwanzigjährigen, ein Lied / Für irgendwann – / Für die Freude.

Kaum hatte dieser Trenet die ersten Tantiemen seines Erfolges kassiert, mußte er zum Militärdienst einrücken. Als er nach anderthalb Jahren ins Zivilleben zurückkehrte, brachte er einen großen Vorrat von Chansons – Texten und Melodien – mit. Sie folgten der Art von »Y a d'la joie«, doch sie waren noch »jugendlicher, noch unwiderstehlicher«, meinte Chevalier.

Allerdings, Trenet brauchte seinen ersten Interpreten nun nicht mehr. Er wollte seine Chansons allesamt selbst interpretieren, weil es »echter klingt, wenn sie von ihrem Autor gesungen werden«. Und so sang Trenet »Je chante«. Unter dem Eindruck dieses Liedes, mit dem er 1938 im »ABC«-Theater debütierte, schrieben die Kritiker: »Chevalier ist entthront.« Aber Trenet war alles andere als der Thronfolger Chevaliers. Er bot etwas ganz Neues. Zwar trug Trenet optimistische Chansons vor, Chansons von einer schönen Vergangenheit, von der Gegenwart, die »einfach toll« ist, und von der Zukunft, die noch besser wird. Doch das war nicht die Lebensfreude des kleinen Mannes, der Chevalier so oft geschmeichelt hat. Trenet beschrieb vielmehr eine originelle, wunderbare, imaginäre Welt. Chevalier ist ein Unterhalter, Trenet ein skurriler Dichter.

In seinem »En quittant la ville« erzählt er beispielsweise von »Gespenstern, die im Nachtzug promenieren«, er besingt das Rendezvous der Sonne mit dem Mond oder, in der »Mademoiselle Clio«, das Tête-à-tête in einem Hotel, »wo es kein fließendes Wasser gibt – et pour faire pipi, c'est dans la cour«. Und in »Ah dis ah« heißt es:

Ouvre ton cœur à l'amour
Ouvre ta fenêtre au jour
Laisse entrer chez toi le gai soleil et dis
Ah dis Ah dis Ah dis Ah Bon-Jour!

Öffne dein Herz der Liebe, / Öffne dein Fenster dem neuen Tag, / Laß die fröhliche Sonne zu dir herein und sag, / Ach sag, ach sag, ach sag guten Tag! /\

Cueille la fleur la plus belle
Chante une chanson nouvelle...
Prends un bain dans la rivière
Sèche-toi dans la clairière
Et n'assieds pas ton derrière
Sur les orties familières.

Pflück die schönste der Blumen,
sing ein neues Lied... / Nimm
ein Bad im Fluß und trockne dich
in der Lichtung, / Setz dich aber
nicht mit dem Hintern / Wie üblich in die Nesseln.

Dem »verrückten Sänger«, wie Cocteau den neuen Künstler warmherzig begrüßte, verdankte das durch die Mistinguett und Chevalier degenerierte Chanson die längst fällige Verjüngungskur.

Trenet reinigte es vom Ballast des abgedroschenen Amüsier-Vokabulars, erneuerte es mit intelligenten Versen, ausgesuchten Reimen und Gleichklangeffekten, die er dem surrealistischen Dichter Max Jacob abgelauscht hatte. Wie Jacobs Helden sind auch Trenets Chanson-Modelle phantastische Gestalten, die oft über der Wirklichkeit schweben. Ihre Porträts zeichnet er stets mit gutmütiger Ironie.

Um sich ganz entfalten zu können, mußte er sich radikal von den schmachtenden Intervallen, den Bums-Rhythmen und den Melodien der Chevalier-Epoche lösen. Als erster Auteur-Interprète versuchte er, seine fabelhaften Texte mit Jazzanklängen zu illustrieren. Trenet, Mitglied des Hot-Club de France, machte sich den Swing amerikanischer Musik-Komödien zunutze und ließ sich von Duke Ellington anregen, als er für seine Schallplattenaufnahme ein eigenes Orchester aus den besten Jazzmusikern seiner Zeit zusammenstellte. Beides, seine Märchen in Strophen und der neue Sound, erweckten das Chanson endlich aus der langen Narkose. Trenet, der den sogenannten »Style fleur bleue« kreierte, hat in seinen Chansons, wie Lucien Rioux meint, das Klima der letzten Jahre vor dem Zweiten Weltkrieg gut wiedergegeben. »Es klingt paradox«, schreibt Rioux, »aber Trenet, der nie öffentlich eine politische Meinung geäußert hat, Trenet, dessen Chansons nicht im geringsten revolutionär sind, hat in seinen Liedern eine Gesinnung demonstriert, wie sie die Volksfront (des Ministerpräsidenten Léon Blum in den Jahren bis 1938) bekundete. Dadurch bekommen seine Chansons einen zusätzlichen Wert, sie verewigen die Erwartungen und Freuden von 1936.« Trenet hat später den weichen Filzhut abgelegt, mit dem er in den ersten Jahren seiner Laufbahn jonglierte, um seinen Vortrag aufzulockern oder Nuancen seines Textes zu unterstreichen. Sein Thema hat sich danach nicht mehr geändert – bedauerlicherweise. Es ist die Lebensfreude, auf die nun hin und wieder ein Schatten der Wehmut fällt. Die Welt seiner über 500 Chansons ist voller lustiger Leichen, fliegender Briefträger, alter Klaviere und komischer Vögel, die englisch zwitschern – mit der Wirklichkeit hat das alles nichts zu tun. Für Trenet (Jahrgang 1913) ist die blaue Blume nie verblüht.

Und dennoch: Die besten aktuellen Chanson-Autoren und -Interpreten, von Brassens angefangen, erkennen in Trenet »ihren geistigen Vater«, weil er der Phantasie und Intelligenz im Chanson wieder zu ihrem Recht verholfen hat.

»Ohne ihn«, sagt Jacques Brel, »wären wir alle Buchhalter geworden.« Und Charles Aznavour: »Ihm verdanke ich alles, er war mein Lehrer und mein Vorbild.«

Saint-Germain-des-Prés

»Saint-Germain-des-Prés ist ein Chanson, das aus lauter Namen besteht«, hat Jacques Prévert gesagt, und er zählt die Namen derjenigen auf, denen Saint-Germain eine erste Chance gab: Theater- und Filmleute wie Alexandre Astruc, Anouk Aimée, Roger Vadim, Simone Signoret, Jean-Louis Barrault, Gérard Philipe, Alain Resnais, Marcel Marceau; Jazz-Musiker wie Miles Davis, Sidney Bechet, Claude Luter; Chanson-Interpreten und -Autoren wie Juliette Gréco, Les Frères Jacques, Cora Vaucaire, Catherine Sauvage, Léo Ferré, Mouloudji, Henri Salvador, Francis Lemarque, Boris Vian, Jacques Douai. Die Schriftsteller Camus, Sartre, Beauvoir, Queneau, Genêt, Merleau-Ponty, Desnos trugen viel zum Lokalkolorit bei.

Seit 1938 war das »Café de Flore« Treffpunkt der Film-Avantgarde, die sich um den Erfinder des poetischen Realismus, um Jacques Prévert, scharte. Im »Flore« verkehrten Picasso, Giacometti und die jungen Literaten. Manche arbeiteten dort während des Krieges den ganzen Tag, weil sie ihre Zimmer nicht heizen konnten. »Wenn sie sterben«, jammerte der »Flore«-Wirt über seine Stammkunden Simone de Beauvoir und Sartre, »werden wir ihnen ein Grab unter dem Fußboden ausheben müssen.«

Dieses Volk von Künstlern, Anarchisten, Literaten und Journalisten fühlte sich in einem Cabaret zu Hause, das die Schauspielerin Agnès Capri 1939 in der Rue Molière eröffnet hatte. Die Capri bot wie einst die Artisten im »Chat Noir« ein für ihre Zeit ebenso originelles wie intelligentes Programm. Sie rezitierte Gedichte von Apollinaire, sang Préverts erste Chansons. Andere Künstler trugen Pantomimen, komische Sketches, Monologe und vor allem Parodien auf Schauerballaden vor.

»Die Ironie und die Parodie hatten den ersten Platz im Programm der Capri«, notierte Simone de Beauvoir, »wir empfanden das delikate Vergnügen eines kollektiven Narzißmus, indem wir uns über die vergangenen Generationen lustig machten.«

Ähnliches empfand auch die Jugend nach dem Zweiten Weltkrieg. Jene Jugend, die während des Vichy-Regimes in den Schulen eine Hymne auf Marschall Pétain singen mußte (»Maréchal, nous voilà!«), warf all das über Bord, mit dem sich ihre bourgeoisen Väter während der dreißiger Jahre arrangiert hatten. Sie suchte nach Neuem und begeisterte sich am

Existentialismus, an der neuen informellen Malerei, sie flüchtete sich, Boogie-Woogie tanzend, in die Keller und hörte den New-Orleans-Jazz Bechets und Luters. Der Mode der schwarzen, übergroßen Pullover unterwarf sie sich, in dem neuen Stil ihrer Chansons fand sie ihre Art von Freiheit – eine illusionslose und dennoch romantische Freiheit, die vom Schatten Hiroshimas bedroht war. Saint-Germain-des-Prés war geradezu prädestiniert, die Hauptstadt der Nachkriegsjugend zu werden.

Als die ersten Tanzkeller diese nichtkonformistische Jugend nach Saint-Germain zogen, wurde ein – heute nicht mehr existierendes – Lokal eröffnet, das Programm und Werk von Agnès Capri, die der Krieg nach Algier verschlagen hatte, weiterführte: »La Rose Rouge.« Als Anfangsstation für die Gréco, die Frères Jacques, Mouloudji, Douai und Yves Robert war es vielleicht in der Geschichte des Chansons das Lokal, in dem die neuen Ideen am schönsten emporschossen.

»La Rose Rouge« war ursprünglich ein Restaurant in der verrufenen Rue de la Harpe im Quartier Latin. Es gehörte einem ehemaligen Tänzer der »Folies-Bergère« mit Namen Benga, der gleichzeitig Koch und Star des Lokals war. Er bot seinen Saal an, als die Chansonkomponistin Mireille und ihr Freund Nico Papadakis, der künftige Regisseur, ein Lokal suchten, in dem man wieder ein ähnliches Programm wie bei der Capri zustande bringen konnte. Die ersten Darbietungen bestanden aus Prévert-Rezitationen, aus anti-militaristischen Chansons und einer Feuerschlucker-Nummer. Die Künstler wurden mit einem Glas Wein an der Theke bezahlt und zogen sich in der Küche um.

Doch bald wurde das Lokal für die vielen Neugierigen zu klein. Nico Papadakis übersiedelte mit seinen Künstlern in einen größeren Raum, in einen Keller der Rue de Rennes. Und in die neue »Rote Rose« drängte sich bald tout Paris. Man saß auf einem Holzschemel und bezahlte skandalöse Preise, um die Stars von Saint-Germain, die sonst nirgendwo auftraten, hören zu dürfen. Aber »La Rose Rouge« war nicht nur Tempel der Snobs, sie gab tatsächlich Anregungen, von denen das Chanson und die Regie der Unterhaltungs-Veranstaltungen zehn Jahre lang zehren sollten.

Das Programm bot Parodien, surrealistische und linke Lieder, Puppenspiele, Marceau-Pantomimen und alte Volksgesänge – vor allem aber wurde in der »Roten Rose« kräftig gegen die neue Bourgeoisie revoltiert – allerdings nicht mit Aktionen: Saint-Germain-des-Prés schrieb und sang. Der Erz-Revolutionär, der große Mann der »Rose Rouge«, der Fürst des Viertels – das war Jacques Prévert.

Der Lyriker Prévert, 1900 im vornehmen Villenvorort Neuilly geboren, war Verkäufer in einer Drogerie gewesen, er hatte Zeitungsausschnitte in einer Agentur geklebt, bevor er zum Militärdienst eingezogen wurde. Sein Dienst fürs Vaterland war kurz: Prévert wurde als Schwachsinniger nach Hause geschickt. Danach trat er gelegentlich als Schauspieler auf und schrieb Drehbücher für die Filmregisseure Renoir und Carné. Zum Chanson kam er über die Theater-»Groupe Octobre«, die hauptsächlich vor Kommunisten und Anarchisten spielte. Prévert hatte die Aufgabe, innerhalb weniger Stunden aktuelle Sketches zu liefern, etwa über einen Streik bei Citroën oder Hitlers Machtergreifung.

Als sich die »Groupe Octobre« 1936 auflöste, schrieb Prévert weiter Chansons von einem träumerischen, skurrilen Anarchismus, die von Agnès Capri oder gelegentlich auch von der rothaarigen, hageren Berlinerin Marianne Oswald – sie war vor den Nazis geflohen – gesungen wurden. Nach Kriegsende stand der Name Prévert dann auf den Plakaten sämtlicher Lokale von Saint-Germain. Die Gréco, die Frères Jacques, Catherine Sauvage, Cora Vaucaire, Yves Montand und sogar die Piaf rissen sich um seine im Buch »Paroles« (1946) gesammelten Texte, zu denen Kosma meist die Musik lieferte.

Dieser Rush auf Prévert-Texte ist erklärbar. Denn die Chansons des Dichters sind meist Anekdoten, kleine phantastische Fabeln im Telegrammstil, die nach einer Ergänzung durch schauspielerische Mimik verlangen. Es ist mithin kein Zufall, daß er der Lieblingsautor der Frères Jacques wurde.

A la pêche à la baleine, à la pêche à la
   baleine,
Disait le père d'une voix courroucée
A son fils Prosper, sous l'armoire al-
   longé,
A la pêche à la baleine, à la pêche à la
   baleine,
Tu ne veux pas aller,
Et pourquoi donc?
Et pourquoi donc que j'irais pêcher une
   bête
Qui ne m'a rien fait, papa,
Va la pêpé, va la pêcher toi-même,
Puisque ça te plaît,
J'aime mieux rester à la maison avec
   ma pauvre mère
Et le cousin Gaston.
Alors dans sa baleinière le père tout
   seul s'en est allé
Sur le mer démontée...
Voilà le père sur la mer,
Voilà le fils à la maison,

Auf zum Walfang! Auf zum Walfang! / Sprach der Vater in erzürntem Ton / Zu Prosper seinem Sohn / Auf zum Walfang! Auf zum Walfang! / Du willst nicht mit / Warum? / Warum soll ich ein Tier erjagen / Das mir nichts getan? / Geh du Papa geh du es jagen / Du hast Spaß daran. / Ich bleib zu Haus bei meiner armen Mutter / Und bei dem Vetter Gaston. / Da fährt der Vater allein in seinem Fischkutter / Aufs aufgebrachte Meer hinaus... / Nun ist der Vater auf dem Meer / Der Sohn zu Haus /

Voilà la baleine en colère,
Et voilà le cousin Gaston qui renverse
 la soupière,
La soupière au bouillon.
La mer était mauvaise,
La soupe était bonne.
Et voilà sur sa chaise Prosper qui se
 désole:
A la pêche à la baleine, je ne suis pas
 allé,
Et pourquoi donc que j'y ai pas été?
Peut-être qu'on l'aurait attrapée,
Alors j'aurais pu en manger.
Mais voilà la porte qui s'ouvre, et ruis-
 selant d'eau,
Le père apparaît hors d'haleine,
Tenant la baleine sur son dos.
Il jette l'animal sur la table, une belle
 baleine aux yeux bleus,
Une bête comme on en voit peu,
Et dit d'une voix lamentable:
Dépêchez-vous de la dépecer,
J'ai faim, j'ai soif, je veux manger.
Mais voilà Prosper qui se lève,
Regardant son père dans le blanc des
 yeux,
Dans le blanc des yeux bleus de son
 père,
Bleus comme ceux de la baleine aux
 yeux bleus:
Et pourquoi donc je dépècerais une
 pauvre bête qui m'a rien fait?
Tant pis, j'abandonne ma part.
Puis il jette le couteau par terre,
Mais la baleine s'en empare, et se pré-
 cipitant sur le père
Elle le transperce de père en part.
Ah, ah, dit le cousin Gaston,
Ça me rappelle la chasse, la chasse aux
 papillons.
Et voilà
Voilà Prosper qui prépare les faire-
 part,

Der Wal in Wut / Und nun ver-
schüttet Vetter Gaston / Den
Suppenteller mit der Bouillon /
Das Meer war böse / Die Bouillon war gut / Und nun ist Prosper
betrübt über seinen Verzicht /
Auf den Walfang, ich bin nicht
mitgegangen / Warum eigentlich
nicht? / Vielleicht hätte man ihn
gefangen / Und das gäbe ein lek-
keres Gericht! / Aber nun öffnet
sich die Tür und triefend wie ein
nasser Kater / Erscheint der
atemlose Vater / Auf seinem
Rücken den Riesenfisch / Und
schmeißt das Tier auf den Tisch, /
Einen schönen Wal mit blauen
Augen / Ein Tier wie man's nicht
häufig trifft / Und sagt in klägli-
chem Ton / Zerleg ihn rasch,
mein Sohn / Ich bin hungrig, ich
bin durstig, ich will essen. / Aber
nun steht Prosper auf, der Sohn /
Und schaut den Vater an / Schaut
ihm ins Weiße der Augen / Ins
Weiße der blauen Augen / Blau
wie die des Wals mit den blauen
Augen: / Und warum soll ich ein
Tier zerlegen, das mir nichts getan? / Ich verzichte auf meine
Portion, / Dann schmeißt er das
Messer weg / Doch der Wal er-
greift das Messer und stürzt sich
auf den Vater. / Und durchbohrt
ihn auf dem Fleck. / Der Vetter
Gaston sagt: / Das erinnert mich
an die Jagd, an die Schmetter-
lingsjagd, / Und nun, / Nun
schreibt Prosper die Todesanzei-
ge aus /

La mère qui prend le deuil de son
  pauvre mari
Et la baleine, la larme à l'œil contem-
  plant le foyer détruit.
Soudain elle s'écrie:
Et pourquoi donc j'ai tué ce pauvre
  imbécile,
Maintenant les autres vont me pour-
  chasser en motogodille
Et puis ils vont exterminer toute ma
  petite famille.
Alors, éclatant d'un rire inquiétant,
Elle se dirige vers la porte et dit
A la veuve en passant:
Madame, si quelqu'un vient me de-
  mander,
Soyez aimable et répondez:
La baleine est sortie,
Asseyez-vous,
Attendez là,
Dans une quinzaine d'années, sans
  doute elle reviendra.

Die Mutter legt Trauer an / Um ihren bedauernswerten Mann / Und der Wal betrachtet mit feuchten Augen das Sterbehaus / Und ruft plötzlich aus: / Warum hab ich diesen armen Dummkopf umgebracht, / Hinfort machen die anderen motorisierte Jagd / Und rotten meine ganze kleine Familie aus / Denn wendet er sich zur Tür wobei / Er beunruhigend lacht / Und sagt der Witwe so nebenbei: / Madame, sollte jemand nach mir fragen / So wollen Sie ihm bitte sagen: / Der Wal ist ausgegangen / Nehmen Sie Platz / Warten Sie einen Augenblick / In etwa fünfzehn Jahren kommt er bestimmt zurück.

Die schnauzbärtigen Frères Jacques, vier singende Pantomimen, ein Jurist, ein Maler, ein Postbeamter und ein Landwirt, kleiden sich für ihre Vorführungen in zweifarbige Trikots, setzen schwarze Zylinder auf und ziehen weiße Handschuhe an. Mit Schirm, Charme und Zylinder bieten sie eine gestenreiche Commedia dell'arte, eine optische Orchestration des Chansons, einen Tanz der Körper und Hände, der zur akustischen Begleitung durch das Klavier hinzukommt. »Diese Gaukler, diese Clowns, diese Dichter«, sagt Jean Anouilh, »geben uns unsere Kindheit wieder.«
Die Frères Jacques fingen mit burlesken Parodien auf rührselige Schnulzen von 1900 an. Ihr erstes Publikum gewannen sie mit »L'entrecôte«. Und mit diesem Lied verabschiedeten sie sich auch im Januar 1982 nach 36jähriger Bühnentätigkeit. Sie hatten in dieser Zeit 1020 Hüte, 2452 Handschuh-Paare, 408 Pullover und zwei Pianisten verbraucht.

Dans l'atelier qui bourdonne comme
  · une ruche,
La p'tite Lisette sanglote en travaillant
Car son grand'père est mort de la
  coqueluche,

Es summt in der Werkstatt wie in einem Bienenkorb, / Lieschen schluchzt beim Arbeiten, / Der Großvater ist an Keuchhusten gestorben, /

Elle reste seule pour nourrir cinq en-
    fants.
Dix petits pieds réclament des chaus-
    sures,
Il va neiger, il va faire sûrement froid,
Tout en cousant pour les belles créa-
    tures,
La p'tite Lisette sent s'engourdir ses
    doigts.

Sie bleibt allein und muß die fünf
Kinder ernähren. / Zehn kleine
Füße brauchen Schuhe, / Es wird
schneien, es wird kalt. / Während
sie für feine Damen näht, / Spürt
Lieschen, wie ihre Finger starr
werden.

Nach dieser Tragödie vom anständigen Mädchen, das in die Gosse
kommt, um »das Beefsteak für die Familie zu verdienen«, versuchten sie
es mit Spiritistengeschichten (»La queue du chat«), mit der melancholischen Kriegserzählung »Barbara«, mit der Parodie auf Schuberts »Forel-
le«, mit einem kunstvollen Hampelmannballett (»La boîte à musique«),
mit einer musikalischen Fassung der Fabeln von La Fontaine und der
Prévert-Geschichte von den beiden Schnecken, die sich im Winter auf
den Weg zur Beerdigung eines faulen Blattes machen und sich betrin-
ken, weil sie erst im Frühling, wenn alles schon wieder grünt, ankommen.

A l'enterrement d'une feuille morte
Deux escargots s'en vont
Ils ont la coquille noire
Du crêpe autour des cornes
Ils s'en vont dans le noir
Un très beau soir d'automne
Hêlas quand ils arrivent
C'est déja le printemps
Les feuilles qui étaient mortes
Sont toutes ressuscitées
Et les deux escargots
Sont très désappointés
Mais voilà le soleil
Le soleil qui leur dit
Prenez prenez la peine
La peine de vous asseoir
Prenez un verre de bière
Si le cœur vous en dit
Prenez si ça vous plait
L'autocar pour Paris
Il partira ce soir

Zwei Schnecken ziehen zum Begräbnis / Des verstorbenen Blattes / Schwarz ist ihr Schnecken-
haus / Und ihre Hörnchen tragen
einen Trauerflor / So ziehn sie in
die Dämmerung / An einem
herbstlich schönen Abend / Doch
als sie endlich ankommen / Ist's
schon Frühling / Die toten Blätter / Sind alle auferstanden / Und
die beiden Schnecken / sind arg
enttäuscht / Die Sonne aber
spricht / Nehmt doch wenigstens
Platz / Trinkt ein Glas Bier /
Wenn's euch danach ist / Nehmt
wenn ihr mögt / Den Omnibus
nach Paris / Er fährt heute abend /

Vous verrez du pays
Mais ne prenez pas le deuil
C'est moi qui vous le dis
Ça noircit le blanc de l'œil
Et puis ça enlaidit
Les histoires de cercueils
C'est triste et pas joli
Reprenez vos couleurs
Les couleurs de la vie
Alors toutes les bêtes
Les arbres et les plantes
Se mettent à chanter
A chanter à tue-tête
La vraie chanson vivante
La chanson de l'été
Et tout le monde de boire
Tout le monde de trinquer
C'est un très joli soir
Un joli soir d'été
Et les deux escargots
S'en retournent chez eux
Ils s'en vont très heureux
Comme ils ont beaucoup bu
Ils titubent un p'tit peu
Mais là-haut dans le ciel
La lune vieille sur eux.

Die Landschaft ist sehenswert / Aber tragt keinen Trauerflor / Ich bitte drum / Es trübt das Weiße im Auge / Und macht häßlich / Grabgeschichten / Sind traurig und gar nicht nett / Tragt wieder Farben / Die Farben des Lebens / Da beginnen alle Tiere / Alle Bäume und Pflanzen / Aus vollem Hals zu singen / Das große Lebenslied / Das Lied des Sommers / Und alles trinkt und prostet / Es ist ein wirklich hübscher Abend / Ein hübscher Sommerabend / Und die beiden Schnecken / Kehren nach Hause zurück / Sehr erhoben / Voller Glück / Ein bißchen torkeln sie / Des vielen Trinkens ungewohnt / Aber am Himmel droben / Behütet sie der alte Mond.

Wenn die Frères Jacques auf Tournee waren, sprangen in »La Rose Rouge« Juliette Gréco oder Marcel Mouloudji ein.

Der Auteur-Interprète Mouloudji, 1923 als Sohn eines arabischen Maurers in einem Elendsviertel von Paris geboren, trieb sich schon mit 10 Jahren in Saint-Germain herum. Das Waisenkind fand eine zweite Heimat bei dem Dichter Robert Desnos und wuchs mitten in einer Gruppe von Literaten und Filmleuten auf. Früh schon stand er vor der Kamera Marcel Carnés und wirkte in der »Groupe Octobre« mit. Simone de Beauvoir, die ihn kennenlernte, als er 16 Jahre alt war, fand, daß er ein »entzückendes junges Ungeheuer« gewesen sei, und amüsierte sich über seine verführerische Häßlichkeit. »Er war von Prévert und seinen Freunden adoptiert worden«, schreibt sie, »und hatte sich durch ihren Kontakt eine erstaunlich bunte Kultur zusammengebastelt. Durch seine Herkunft, seinen Erfolg beim Film befand er sich am Rande der Gesellschaft, die er mit jugendlicher Konzessionslosigkeit und proletarischer Strenge beurteilte. ›Bei den Arbeitern macht man so etwas nicht‹, sagte er oft in vorwurfsvollem Ton. Bourgeoisie und Bohème waren in seinen Augen gleich korrumpiert.«

Bevor er zu singen anfing, hatte er schon mehrere Bücher geschrieben: Sein autobiographischer Roman »Enrico« errang 1945 den mit 100 000 Francs dotierten »Prix de la Pléïade«. Doch seine ersten Chansons hatte er nicht selbst verfaßt: Er suchte sich ein anti-bürgerliches Repertoire zusammen, mit Liedern von poetischen Liebschaften, Schönheiten aus den Armenvierteln, »Prinzessinnen in Lumpen«, skurrilen Snobs, die jeden Morgen reiten, weil sie den Geruch des Pferdemists lieben, aber auch Lieder von Arbeiterkindern, die, genauso wie einst er, nicht wissen, was Ferienreisen sind: »Süße Kinder von Aubervilliers, die Ferien und der Sommer sind da, aber euer Strand, eure Riviera, euer Luftkurort, das ist Aubervilliers...«

Mit seiner lyrischen Stimme, seinem zurückhaltenden Interpretationsstil war Mouloudji wie geschaffen, poetisch verklärte Liebeslieder vorzutragen. Er nahm alte französische Volksweisen und moderne Liebesgedichte auf, unter anderen das »Chanson de Tessa« von Jean Giraudoux:

Si tu meurs, les oiseaux se tairont pour toujours Si tu es froide aucun soleil ne brûlera Au matin la joie de l'aurore Ne lavera plus tes yeux.	Wenn du stirbst, werden die Vögel für immer schweigen, / Wenn du kalt bist, wird keine Sonne mehr scheinen, / Morgen wird die freudebringende Morgenröte / Deine Augen nicht mehr waschen.

1953 lancierte er noch »Le coquelicot« von Raymond Asso und Marguerite Monot, das von ganz Frankreich nachgesungen wurde. Dann war er wie vom Erdboden verschwunden. Der Kritiker André Halimi, der ihn als »unverbesserlichen Gammler« abgestempelt hatte, schien recht zu haben. Aber Mouloudji hatte sich zurückgezogen, um sich der Malerei und seinen Romanen zu widmen.

1966 war er plötzlich wieder da. Immer noch mit den gleichen Musette-Weisen, die so gut mit seiner schleppenden Prosodie harmonierten; aber diesmal mit eigenen Texten, einer witzigen Mischung von Resignation und gutmütiger Ironie. Er besang die häßlichen alten Prostituierten, zu denen er mit 16 Jahren gegangen war, »weil er zu arm war, um sich die Königin von England zu leisten«, er besang die schönen dummen Mädchen und die Don Juans von 50, die nicht mehr mitkommen; und auch auf sich selbst und seine Sehnsucht nach jungen Mädchen machte er sich einen ironischen Vers.

Nous, les Beatles de 40,
Les James Bond de 14–18,
Nous les yéyés d' l'armistice,
Nous les Johnny de 70,
Quand on voit tous ces jeunots
Avec leur vent dans le dos
Qui nous poussent vers l'hospice
On s'dit qu' c'était bien la peine
D'aller leur regagner l'Alsace et la Lor-
raine
Quand on est jeune on est chien
On croit qu'on n'a pas d'faim
Et puis on passe la main
Valsez, les années,
Tournez, tournez sans cesse,
On en apprend le prix,
Comme dit Bernard Dimey,
Quand on rend la monnaie.

Nous, les Gabins dans l'cirage
Les Casanovas au garage
Nous les Tarzans du retour d'âge
On regarde les fillettes
Avec leurs jolies têtes
Chercheuses de carnets de chèques
Qui jouent du miroir à mâles
De leur derrière vénal
Pour se faire un capital
Malgré qu'on soit hors de course
On en a des rancœurs
Grandes comme le Sacré-Cœur...

Wir Beatles von 40, / Wir, die James Bonds von 1914–18, / Wir, die Yeah-Yeahs des Waffenstillstands, / Wir, die Johnny Hallidays von 1870, / Wenn wir all diese grünen Jungen sehen, / Diese smarten Jungen, / Die uns in Richtung Altersheim schieben, / Dann fragen wir uns, ob es sich lohnte, / Elsaß und Lothringen für sie wiederzuerobern. / Wenn man jung ist, ist man gnadenlos, / Man denkt, man hat keinen Hunger, / Und dann muß man zurücktreten. / Die Jahre tanzen ihre Walzer, / Sie drehen und sie drehen sich pausenlos. / Man lernt ihren Preis kennen, / Wie Bernard Dimey sagt, / Wenn man das Kleingeld herausgibt.

Wir, die Gabins, die in der Tinte sitzen, / Wir Casanovas der Rumpelkammer, / Wir Tarzans der zweiten Jugend, / Wir schauen den Mädchen nach, / Die mit hübschen Frätzchen / Nach Scheckheften suchen / Und mit ihrem scharfen Popo / Vor den Männern wackeln, / Um ans Kapital zu kommen. / Wir sind nicht mehr in der Konkurrenz, / Und unser Groll ist so groß / Wie die Kirche von Sacré-Cœur.

Mouloudji bleibt in seinen Kompositionen den Jazz-Rhythmen fern, er lehnt auch das politisch-engagierte Chanson ab: »Ich bin viel zuwenig mit mir selbst zufrieden, um mir das Recht anzumaßen, andere zu kritisieren.« Und er beobachtet heute mit Unbehagen ein Produkt, das in Saint-Germain geboren wurde: das literarische Chanson. Er selbst hat zwar Rimbaud und Giraudoux gesungen, aber die Vertonungen von Gedichten sind ihm oft »Irreführung des Publikums«, weil der Musiker selten seiner literarischen Vorlage gewachsen ist.
Gerade den entgegengesetzten Standpunkt vertritt Jacques Douai, »le troubadour de la chanson«, ebenfalls ein Star der »Rose Rouge«. Mit weicher Tenorstimme singt er alte Gedichte aus allen Jahrhunderten,

die er oft selber vertont oder modernisiert hat; auf seiner Gitarre zupft er dazu komplizierte Melodien: seine ersten Platten wirken wie eine Mischung von Kunstlied und Chanson, den Liedern des deutschen Wandervogels verwandt. Der Künstler hatte damit sofort sein Stammpublikum, nicht nur in Saint-Germain, sondern auch in Jugendherbergen, wo man sich immer schon eher für das Volksgut als für die Klassiker begeisterte. Douai führte diese Jugendlichen auf seine Art zur Poesie; er sang die Texte des letzten Minnesängers Guillaume de Machauts, des Renaissancepoeten Marot, aber auch Volkslieder, die in Vergessenheit geraten waren.

A l'abri d'une olive y a-t-un navire d'échoué
Trois jolies demoiselles s'en vont se promener.

Im Schatten einer Olive ist ein Schiff gestrandet. / Drei schöne Mädchen gehen spazieren.

Dormez, la belle, chantez le jour
Nos jolies amourettes, je vis d'amour toujours.

Schlaf, schönes Mädchen, sing tagsüber / Von unserer schönen Liebelei, ich lebe immer nur von der Liebe.

Trois jolies demoiselles s'en vont se promener
La plus jeune des trois compose une chanson.

Drei hübsche Mädchen gehen spazieren. / Die jüngste schreibt ein Chanson.

Si j'avais ma colombe je la ferais chanter.
Parlant d'une colombe, la belle s'est endormie.

Wenn ich meine Taube hätte, würde ich sie singen lassen. / Als sie von der Taube sprach, schlief sie ein.

Quand la belle se réveille le bâtiment marchait.
Elle demande au capitaine: où est-ce que nous sommes ici?

Als sie erwachte, segelte das Schiff aus. / Sie fragte den Kapitän: Wo sind wir hier?

Nous sommes cent lieues sur mer, cent lieues de vos parents.
Qu'est-ce que ma mère va dire? Elle m'attend pour souper.

Wir sind hundert Meilen auf dem Meer, hundert Meilen fort von daheim. / Was wird meine Mutter sagen? Sie erwartet mich zum Abendessen.

Je vous servirai de mère. Avec moi vous souperez.
Qu'est-ce que ma sœur va dire? Elle m'attend pour coucher.

Ich werde dir eine Mutter sein, mit mir wirst du speisen. / Was wird meine Schwester sagen? Sie erwartet mich zum Schlafen.

Je vous servirai de sœur, avec moi vous coucherez. Ma robe est trop petite. Comment la dégrafer?	Ich werde dir eine Schwester sein, mit mir wirst du schlafen. / Mein Kleid ist zu eng, wie krieg ich es weiter?
Prête-moi ton epée, que je me découse trois points. Mon épée est sur la table, prenez garde de vous blesser.	Gib mir dein Schwert, damit ich drei Stiche auftrenne. / Mein Schwert liegt auf dem Tisch, gib acht, tu dir nicht weh!
Quand elle a eu l'épée, au cœur se l'est plantée. S'écria tout le monde: Ah! mignonne, s'est tuée!	Sie nahm das Schwert und stieß es sich ins Herz. / Alle sagten: Die Kleine hat sich umgebracht!
Où'st-ce qu'on l'enterrera, cette jolie princesse? Dans l'jardin de son père, dessous un pommier gris.	Wo werden wir die hübsche Prinzessin begraben? / Im Garten ihres Vaters, unter einem grauen Apfelbaum.

Douai erweiterte fast allabendlich sein Repertoire mit Kinderliedern, Weihnachtsliedern und den Chansons der modernen Autoren Carco, Trenet, Brassens, Ferré.

Sein Programm, das Programm eines anspruchsvollen Einzelgängers, ist didaktisch, und seine Lehren werden gehört – hauptsächlich in den Maisons de la Culture, die de Gaulles Kulturminister André Malraux in der französischen Provinz etablieren ließ. 1947 war Douai nur in Saint-Germain bekannt. Im Jahre 1955, nach einer langen Zwangspause wegen einer Tuberkuloseerkrankung, bekam er den Grand Prix du Disque für seine erste Platte. 1957 veranstaltete er 30 Chanson-Abende im »Théâtre du Petit Marigny« in Paris und mußte, als Dacapo, 45 zusätzliche Abende geben. 1964 hatte er im »Palais de la Mutualité« (2200 Plätze) ein volles Haus.

Douai stand nie auf der Hit-Liste, weil er nicht oft genug auftrat und manchmal jahrelang das Chanson vernachlässigt – aus Gesundheitsgründen oder um sich ausschließlich dem folkloristischen »Ballet National de Danses Françaises« zu widmen, das er mit seiner Frau Thérèse Palau ausgebildet hatte. Wie tief sein Einfluß ist, läßt sich an der Entwicklung des Chansons nach 1960 leicht ablesen: Unvermittelt war eine Schar von Interpreten da, die, nach Douais Vorbild, nur Gedichte singen wollte – so Monique Morelli, Marc Ogeret, Hélène Martin, Francesca Solleville, Claude Vinci.

Das »Quod Libet« in der Rue de Pré-aux-Clercs, zeitweilig ebenso berühmt wie die »Rose Rouge«, wurde 1946 vom Dominikanerpater Bruckberger, einem Homme de Lettres und Filmregisseur, eingeweiht. Die Wände der Kneipe waren mit Zeitungen tapeziert; ein Makulatur-Gemälde zeigte den Schutzpatron der Wirtschaft, den heiligen Thomas. In diesem Cabaret gab es nicht einmal ein Podium. Die Künstler sangen auf einer alten Sektkiste. Stars des »Quod Libet« waren Catherine Sauvage und Léo Ferré.

Ferré, 1916 in Monte Carlo geboren – sein Vater war Kurhausdirektor –, hatte 1936 das Jurastudium begonnen, das er zu Kriegsbeginn wieder aufgab. Er zog sich auf einen südfranzösischen Bauernhof zurück und schrieb jahrelang Opernpartituren. Nach Kriegsende kam er bei Radio Monte Carlo unter, war manchmal Sprecher, manchmal Pianist, bisweilen Regieassistent. In seiner Freizeit spielte er Orgel und schrieb Chansons, die keiner hören wollte. 1946 ging er nach Paris und trat im »Quod Libet« auf – langhaarig, in einem schwarzen Pullover mit Fledermausärmeln. Als erstes Lied sang er das für sein Repertoire typische, den Symbolismus schlecht nachahmende »Le temps des roses rouges«:

Au temps des roses rouges Mon cœur sera glacé Car mon œil offensé Taira les infortunes Au temps des roses rouges Je vendrai pour trois thunes Le salaud d'à côté Qui est un gars titré...	Wenn die roten Rosen blühn / Erstarrt mein Herz / Wenn die roten Rosen blühn / Verkaufe ich für drei Taler / Das Schwein von nebenan / Es ist ein Schwein von Stand...

Der Refrain hieß:

Et la roue tournera Comme tourne la vie, Mon couteau s'en ira Fair' de la poésie.	Und das Rad dreht sich / Wie das Leben sich dreht / Mein Messer ist da / Und macht Poesie.

Dieses Chanson mit den eindringlichen, abstrakten Gemeinplätzen wie »mon cœur sera glacé«, »mon œil offensé« verriet eine Vorliebe fürs Fin de siècle und zeigte eine bombastische Bosheit. Das war schon ganz Ferré, »L'Anar«, der Anarchist. Die ersten Jahre in Paris hungerte er sich durch, denn von den Auftritten konnte er nicht leben. Die Zeit, in der ihm alte Brotstücke gut genug waren, denn »sie schwimmen im Magen und blähen wie Salat«, erstand später in einem Chanson wieder. Fürs erste rächte sich der erfolglose Künstler mit seiner Oper »Das Künstlerleben«, einer autobiographischen Satire auf das Milieu der Musikverlage.

1954 gingen die mageren Jahre zu Ende. Wegen seiner Grimassen und Raubvogelallüren, die nur zum Teil seine Schüchternheit verdeckten, bekam Ferré nur schlecht Kontakt zum Publikum. Dennoch gelang es ihm, ins »Olympia« zu kommen. Seine Interpretin Catherine Sauvage verhalf dem gereiften Stil des Chanson-Autors Ferré vollends zur Anerkennung.

Veste à carreaux ou bien smoking
Un portefeuille dans la tête
Chemise en soie pour les meetings
Déjà voûté par les courbettes
La pag' des sports pour les poumons
Les faits divers que l'on mâchonne
Le poker d'as pour l'émotion
Le jeu de dame avec la bonne
C'est l'homme

Le poil sérieux, l'âge de raison
Le cœur mangé par la cervelle
Du talent pour les additions
L'œil agrippé sur les pucelles
La chasse à courre chez Bertrand
Le dada au Bois de Boulogne
Deux ou trois coups pour le faisan
Et le reste pour l'amazone
C'est l'homme

Les cinq à sept »pas vu pas pris«
La romance qui tourne à vide
Le sens du devoir accompli
Et le cœur en celluloïde
Les alcôves de chez Barbès
Aux secrets de Polichinelle
L'amour qu'on prend comme un ex-
    press
Alors qu'on veut fair' la vaisselle
C'est l'homme

Le héros qui part le matin
A l'autobus de l'aventure
Et qui revient après l'turbin
Avec de vagues courbatures
La triste cloche de l'ennui

Karierte Weste oder Smoking / Im Kopf sein ganzes Portemonnaie / Und leicht zerknittert durch den Bückling / Ein Hemd aus Seide zum Diner / Die Sportberichte für die Lungen / Das Poker-As regt auf und an / Hat er die Tatsachen verschlungen / Zieht ihn die Hausmagd in den Bann / Den Mann.

Gereifter Kopf, intelligent / Das Herz ein wenig eingeknickt / Für das Finanzamt viel Talent / Und für die Jungfrau'n scharfen Blick / Auf Hetzjagd ist er obenan / Reitet sein Pferd zurecht im Tann / Gibt zwei, drei Schüsse dem Fasan / Den Rest der Amazone dann / Der Mann.

Von fünf bis sechs sieht man ihn nicht / Denn er macht in Romanzen heut / Ist sich bewußt der Mannespflicht / Und hat ein Herz aus Zelluloid / Im »chez Barbès« das Séparée / Das ist berüchtigt weit und breit / Er nimmt dort Liebe wie Kaffee / Und spült's Geschirr zur gleichen Zeit / Der Mann.

Der Held besteigt an jedem Morgen / Den Autobus der Abenteurer / Und kehrt zurück mit seinen Sorgen / Mit Einkommen- und Kirchensteuer / Die Glocke seiner Langeweile /

Qui sonne comme un téléphone
Le chien qu'on prend comme un ami
Quand il ne reste plus personne
C'est l'homme

Les tempes grises vers la fin
Les souvenirs qu'on raccommode
Avec de vieux bouts de satin
Et des photos sur la commode
Les mots d'amour rafistolés
La main chercheuse qui voyage
Pour descendre au prochain arrêt
Le jardinier d' la fleur de l'âge
C'est l'homme

Le va-t'en guerre y faut y'aller
Qui bouff' de la géographie
Avec des cocardes en papier
Et des tonnes de mélancolie
Du goût pour la démocratie
Du sentiment à la pochette
Le complexe de panoplie
Que l'on guérit à la buvette
C'est l'homme

L'inconnu qui salue bien bas
Les lents et douloureux cortèges
Et qui ne se rappelle pas
Qu'il a soixante-quinze berges
L'individu morne et glacé
Qui gît bien loin des mandolines
Et qui se dépêche de bouffer
Les pissenlits par la racine
C'est l'homme

Die rasselt wie ein Telefon /
Bleibt übrig nur 'n begoss'ner
Pudel / Als verständige Person /
Der Mann.

Graue Schläfen dann am Ende /
Und ein bißchen schon ver-
träumt / Auf der Kommode »Dü-
rers Hände« / Erinnerungen auf-
geräumt / Zurechtgeflickte Lie-
besworte / Und seine Hand tastet
voran / Und sie bleibt liegen an
der Pforte / Der Blumengärtner,
der Galan / Der Mann.

Zieht in den Krieg, das läßt er
nie / Und er erschlägt die Landschaft dir / Mit Tonnen von Me-
lancholie / Und mit Kokarden
aus Papier / Danach ein braver
Demokrat / Voller Taschentuch-
gefühle / Fordert Bomben für
den Staat / In der Ritter-Schänke
/ Der Mann.

Fremd ist er, wenn er sich ver-
neigt / Im Trauerzug vor der
Bahre / Der sich aber selbst ver-
schweigt / Seine fünfundsiebzig
Jahre / Doch fern vom Mandoli-
nenklang / Liegt er dann selber
bald im Grabe / Und frißt dort
von der Wurzel an / In seinem
Sarge den Salat / Der Mann.

Bei Ferré gibt es zwei deutlich getrennte Gruppen von Chansons. Zur
ersten gehören die »Chansons-réportages« wie »L'homme«, »Vitrines«,
»Le Palladium« (das berühmte Beat-Lokal von Paris im Jahre 1965),
»Paris-Canaille«, »Les temps difficiles«. Sie reihen scharfe, originelle
Beobachtungen im Telegrammstil aneinander. In wenigen Zeilen ser-
viert er Skizzen des Pariser Lebens, die an Daumier-Bilder erinnern,
malt er ein impressionistisches Gemälde der großen Boulevards von
Paris und der Schaufenster der Kaufhäuser.

Des Cadillacs et des ombrelles
De l'albuplast et des bretelles
De faux dollars de vrais bijoux
Y'en a vraiment pour tous les goûts
Des oraisons pour dentifrices
Des chiens nourris qui parl'nt anglais
Et les putains à l'exercice
Avec leurs yeux qui font des frais
De faux tableaux qui font la gueule
Et puis des vrais qui leur en veulent
Des accordéons déployés
Qui souffl'nt un peu avant d'gueuler
Des fill's en fleurs des fleurs nouvelles
Des illustrés à bonne d'enfant
Et des enfants qui font les belles
Devant des mecs bourrés d'argent
Les vitrines de l'avenue
Font un vacarme dans les cœurs
A fair' se lever le bonheur
Des fois qu'il pouss'rait dans les rues

Ein Cadillac und Sonnenschirme / Und Hansaplast, vom Schachspiel Türme / Auch falsche Pfund und echten Schmuck / Für jeden Gusto gibt's genug / Für Chlorodont einen Sermon / Für fette Hunde Englischstunden / Für Nutten Umsatz, den sie schon / Im Blick taxier'n bei jedem Kunden / Gefälschte Bilder blicken bös / Und echte ganz zu Recht – versauert / Akkordeonton erklingt nervös / Bevor er als Musetteklang trauert / Und Mädchen blühn und neue Blumen / Für Bonnen Illustriertenglück / Und Kinder suchen auch die Krumen / Von eines Nabobs Sektfrühstück / Ein Boulevard – viel Chrom, viel Glas / Spektakel laut für Herz und Sinn / Das alles sei des Glücks Beginn / Was auf den Straßen wächst nach Maß.

In nicht immer verständlichem Argot übergießt Ferré seine Zuhörer mit Anzüglichkeiten und sagt ihnen mit zähneknirschender Ironie, was er von ihnen und ihren Institutionen hält – von den »Wahlurnen der Idiotie«, dem »Fernsehen als Schlafmittel«, von Filmsternchen, die ihren Hintern auf Breitwand zeigen, und vom Franglais, der französischen Sprache, die maßlos mit Anglizismen überfrachtet ist.
In dem Augenblick, in dem Ferré eine Bühne betritt, wird sie zum Tribunal. Er rechnet ab, mit seiner eigenen Vergangenheit, mit der ganzen Gesellschaft. »Ich bin«, sagte Ferré in einem Interview, »die einzige Institution, die ich respektiere.« Doch auch der Teufel ist dem ehemaligen Schüler eines katholischen Internats Respektperson. In seinem »Thank you, Satan« bedankt er sich beim Teufel, weil der nie auf einem Fernsehschirm erscheint und weil die Liebespaare sich langweilen, wenn er nicht dabei ist.
In diesen »Chansons-réportages« spielt Ferré den Provokateur. Aber es gibt noch einen anderen Ferré, einen Lyriker, der humorvolle und empfindsame Metaphern findet, um die Liebe, die Frauen, die Poesie und die Jahreszeiten zu rühmen.

On s'aim'ra
Pour un quignon d'soleil
Qui s'étire pareil

Wir werden uns lieben / Für ein Häppchen Sonne / Das sich wie /

Au feu d'un feu de bois
On s'aim'ra
Pour des feuilles mourant
Sous l'œil indifférent
De Monseigneur le froid.

On s'aim'ra cet hiver
Quand la terre est peignée
Quand s'est tu le concert
Des oiseaux envolés
Quand le ciel est si bas
Qu'on l'croit au rez d'chaussée
Et qu' le temps des lilas
N'est pas près d'êt' chanté.

Ein Holzfeuer streckt / Wir werden uns lieben / Für die Blätter die flauen / Unter den gleichgültigen Augen des Frosts.

Wir werden uns in diesem Winter lieben / Wenn die Erde gekämmt ist / Wenn die Vögel nicht mehr singen / Wenn der Himmel so niedrig ist / Daß er im Erdgeschoß zu wohnen scheint / Wenn die Zeit des Flieders / Noch fern ist.

Peinlich sind dabei die Momente, in denen Ferré, Jaguar-Fahrer und Inselbesitzer, sich als Opfer der Gesellschaft, als »poète maudit« beweint. Dann singt er mit riesigem Aufwand an Chor- und Geigenbegleitung »von den Dichtern«: »Es sind komische Kerle, die das Unglück auf dem Klavier des Herzens und auf den Geigen der Seele besingen.« Oder:

Ils ont des chiens parfois compagnons
   de misère
Et qui lèchent leurs mains de plume et
   d'amitié
Avec dans le museau la fidèle lumière
Qui les conduit vers les pays d'absur-
   dité.

Manchmal teilen Hunde mit ihnen das Elend / Sie lecken ihnen ihre freundlichen Dichter-Hände / Der treue Glanz auf der Schnauze / Entführt sie in ferne Länder der Absurdität.

Solche Ungereimtheiten eines Arrivierten, der den Anarchisten hervorkehrt, tragen wenig zum Ruhm Ferrés bei, weit besser ist er als Komponist, der Gedichte von Apollinaire, Rutebeuf und Aragon vertont. Vor allem dem engagierten Autor Louis Aragon (»Die Kommunisten«) hat er zu großer Popularität verholfen: In 20 Jahren wurden 20000 Exemplare Aragonscher Gedichtbände, im Laufe eines Jahres jedoch über eine Million Platten mit vertonten Aragon-Texten verkauft.

Die eifrigste Interpretin Ferréscher Chansons ist zweifellos Catherine Sauvage, die, bevor sie »ihren Autor« in den Anarchistenkreisen von Saint-Germain kennenlernte, die Texte der Lokalgenies vom Quartier Latin, Prévert und Vian, gesungen hatte. Doch seit Mitte der 50er Jahre gibt sie den Ferré-Liedern den Vorzug, und zwar jenen, die ihrem Humor (»Le piano du pauvre«) oder ihrer Überzeugung von der Notwendigkeit einer sozialen Revolution entsprechen. Für die nur höhnischen Boshaftigkeiten Ferrés freilich hat sie keinen Sinn. Ferré bot der Sauvage noch zusätzliche Inspiraton. Nach dem Vorbild seiner Baudelaire- und Aragon-Bearbeitungen machte auch sie die Poesie der Großen fürs Chanson nutzbar. Sie ließ Gedichte von García Lorca, Marie Noël und Colette bearbeiten und die Brecht-Songs von Kurt Weill neu übersetzen.

Catherine Sauvage kam so zu einem zeitlosen Repertoire, das aktuelle, gerade modische Themen ausspart. Mit rauher, hochdramatischer Stimme singt sie »Chansons de cœur«, »Chansons de tête« und »Chansons des amours déchirantes« – so ihre Plattentitel. Dank ihrer äußerst wandelfähigen Stimme legt Catherine Sauvage Feinheiten in den Texten bloß, die beim Lesen nicht so ohne weiteres auffallen. Mehr noch: Mit dieser Stimme kann sie kurz hintereinander die Gefühle eines Mannes deutlich machen, der im nächsten Augenblick sterben muß, und den Liebeskummer und die Eifersucht einer 15jährigen Göre.

Petite belle de quinze ans Se promène dans son jardin En arrosant le romarin D'un air pensif et nonchalant.	Die kleine 15jährige Schöne / Geht in ihrem Garten spazieren / Und begießt den Rosmarin / Mit nachdenklicher, lässiger Miene.
Maman, j'ai mal aux nerfs! Mon enfant, c'est l'orage. Maman, j'ai mal au cœur! Mon enfant, c'est votre âge. Maman, je vais mourir! Mon enfant, soyez sage.	Mama, meine Nerven! / Mein Kind, das ist das Gewitter. / Mama, mein Herz! / Mein Kind, das kann in deinem Alter schon mal passieren. / Mama, ich sterbe! / Mein Kind, sei doch brav.
Belle songe au cousin Gontran Qui vient de Paris chaque été Fair la cour à sa maman Avec des yeux tout chavirés.	Die Schöne denkt an den Cousin Gontran / Der jeden Sommer von Paris kommt / Um ihrer Mama mit verwirrten Augen / Den Hof zu machen.
Maman, j'ai mal aux nerfs! Mon enfant, c'est l'orage. Maman, j'ai mal au cœur! Mon enfant, c'est votre âge. Maman, je vais mourir! Mon enfant, soyez sage.	Mama, meine Nerven! / Mein Kind, das ist das Gewitter. / Mama, mein Herz! / Mein Kind, das kann in deinem Alter schon mal passieren. / Mama, ich sterbe! / Mein Kind, sei doch brav.
Lorsque Gontran le beau cousin A pénétré dans le jardin Il a dit: »Belle a bien grandi. Vraiment, j'en suis ravi.«	Als der schöne Cousin Gontran / In den Garten kam / Sagte er: »Meine Schöne hat sich aber sehr herausgemacht. / Ich freue mich, wirklich!«

Maman, j'ai mal aux nerfs!
Mon enfant, c'est l'orage.
Maman, j'ai mal au cœur!
Mon enfant, c'est votre âge.
Maman, je vais mourir!
Mon enfant, soyez sage.

Belle et Gontran se sont aimés
Dans le jardin tout parfumé,
Et maman a pleuré tout bas.
Dieu, que les enfants sont ingrats!

Mama, meine Nerven! / Mein Kind, das ist das Gewitter. / Mama, mein Herz! / Mein Kind, das kann in deinem Alter schon mal passieren. / Mama, ich sterbe! / Mein Kind, sei doch brav.

Die Schöne und Gontran haben sich / Im duftenden Garten geliebt. / Mama hat leise geweint. / Mein Gott, was sind die Kinder undankbar!

Mit diesem poetischen Repertoire, das dem Publikum eine im Unterhaltungsfach ungewöhnliche Einfühlsamkeit und Aufmerksamkeit abfordert, konnte Catherine Sauvage, die keinen Typ verkörpert wie beispielsweise die Gréco, in den großen Musikhallen natürlich nicht ankommen. Sie präsentierte sich zwar 1954 einmal im »Olympia«, kehrte aber, als sie kaum Resonanz fand, wieder in die kleinen Theater zurück, vor allem in das der »Gaîté-Montparnasse«, wo ein besonders kennerisches Publikum auch ihre ungewöhnliche Dekoration goutierte: Die Sauvage, die meist nur von einem Klavier begleitet wird, läßt für ihre Auftritte gelegentlich eine zwei Zentner schwere Skulptur aus Schrotteisen auf die Bühne schleppen. Im Theater der Montparnasse-Freuden beobachtete der Schriftsteller Max Favalelli »ihr nacktes bewegtes Gesicht, auf dem alle Gefühle beieinander sind, so wie die strömende Bewegung auf der Oberfläche eines tiefen Gewässers«. Und der Kritiker konnte in Catherines Vortrag »nichts Gewolltes, Affektiertes, Gekünsteltes« erblicken, er sah dafür eine Frau, »die ohne die geringsten Tricks dem Publikum Empörung, Hoffnung und die Leiden der Menschen offenbart«.

Dank dieser Eigenschaften, die beispielsweise der Gréco fehlen, mußte Catherine Sauvage – mit Pierre Brasseur verheiratet – auch eine gute Bühnenschauspielerin werden. Spezialität: Brecht und Claudel. Seit neuestem ist sie tatsächlich mehr auf der Pariser Schauspielbühne als im Chansontheater zu Hause.

Neben dem »Quod Libet« und der »Rose Rouge« gab und gibt es eine Reihe von Saint-Germain-Lokalen, in denen nicht minder gut gesungen wird, so »La Fontaine des Quatre Saisons« und »L'Echelle de Jacob«. Per »Jakobsleiter« stiegen vor allem die Interpretinnen Michèle Arnaud und Cora Vaucaire empor.

Doch auch auf dem Montmartre wurde die Tradition von Saint-Germain-des-Prés gepflegt. Ob Mouloudji oder Douai, ob Ferré oder die Frères Jacques, ob Catherine Sauvage oder Cora Vaucaire – nahezu alle Sänger von Saint-Germain sind wenigstens eine Saison lang in einem Theater aufgetreten, das 1947 eröffnet wurde: »Les Trois Baudets.« Sein Besitzer Jacques Canetti, seit eh und je ein Talent-Entdecker und -Förderer – er unternahm einst die erste Frankreich-Tournee mit Louis Armstrong und machte die ersten französischen Schallplattenaufnahmen mit Marlene Dietrich –, bot der heutigen Chanson-Elite *die* Experimental-Bühne: in Canettis »Drei Eseln«, einer Mischung von Cabaret und Music-Hall, bereiteten sich Brassens und Béart, Brel und Mouloudji, Catherine Sauvage, Anne Sylvestre, Serge Gainsbourg und die Patachou auf die ganz große Schau im »Bobino« oder »Alhambra« vor. In den »Trois Baudets«, wo der Kanadier Félix Leclerc den Franzosen seine fremdartigen Lieder erstmals vorsang, war auch der betriebsame Boris Vian zu Hause.

Vian, Quirl jener goldenen Jahre von Saint-Germain, war ein Mann, der alles konnte, wenn nicht ganz, so doch halbwegs: Er war Ingenieur, Melker, Kunstschreiner und Journalist, ein Pazifist, der unter anderem die Memoiren des US-Generals Omar Bradley übersetzte, ein Autor wüster Kolportage-Romane und delikater Ballettchoreographien, ein äußerst produktiver Romancier, Opernlibrettist und Dramatiker. Er gehörte einem neo-dadaistischen Orden der »Pataphysiker« an, war Schauspieler und Jazztrompeter, schrieb Film-Szenarios sowie eine eilige Abhandlung über französische Chansons und diente drei Schallplattenfirmen als künstlerischer Direktor. Er komponierte und reimte, und zwar nicht nur für seine eigene – etwas dünne – Stimme, sondern auch für Mouloudji, Henri Salvador und Magali Noël.

Zu dieser Betriebsamkeit fühlte sich der blonde Franzose gedrängt. Vian, seit Kindheitstagen schwer herzkrank, wußte, daß er nur kurz zu leben hatte. Als er 1959 mit 39 Jahren starb, war auch Saint-Germain-des-Prés passé. Was immer auch Prinz Boris erschaffen hatte, wurde schleunigst vergessen. Doch Vian kam wieder. Als »exemplarischer Zeitgenosse« (Filmregisseur Pierre Kast) und »Klassiker des 20. Jahrhunderts« (ein Band der gleichnamigen Monographieserie ist ihm gewidmet) ist er Mitte der 60er Jahre auferstanden. Seine Romane, neu verlegt, werden wieder gelesen, seine Theaterstücke wieder gespielt und seine Lieder wieder angestimmt. Eine Platten-Kassette mit Vian-Chansons, 1965 erschienen und vom Schauspieler Serge Reggiani gesungen, bekam umgehend den »Grand Prix du Disque«. Eine von Vian einst besungene Platte, die wegen des defaitistischen Anti-Algerien-Kriegsliedes verboten worden war, wurde wieder freigegeben.

Monsieur le Président
Je vous fais une lettre
Que vous lirez peut-être
Si vous avez le temps
Je viens de recevoir
Mes papiers militaires
Pour partir à la guerre
Avant mercredi soir.
Monsieur le Président
Je ne veux pas la faire
Je ne suis pas sur terre
Pour tuer de pauvres gens.
C'est pas pour vous fâcher
Il faut que je vous dise
Ma décision est prise
Je m'en vais déserter.

Ihr sogenannten Herrn / Ich schreibe Euch ein Schreiben / Lest oder laßt es bleiben / Und habt mich alle gern / Ich kriege da gebracht / Die Militärpapiere / Daß ich in Krieg marschiere / Und zwar vor Mittwochnacht. / Ich sag Euch ohne Trug / Ich finde Euch so öde / Der Krieg ist völlig blöde / Die Welt hat jetzt genug / Ihr sogenannten Herrn / Die Wahl ist schon getroffen / Ich werde desertier'n.

Und diese Platte enthält auch die Vian-Chansons, in denen die Enttäuschungen einer Weltkriegs-Jugend festgehalten sind – Chansons voller Sarkasmus und Paradoxe, die sich gegen die Volksverdummung durch Militär, Kirche und Staat richten. Vian beschreibt darin die Zivilisation mit ihren Robotern, ihren tödlichen Erfindungen (»Java des bombes atomiques«), ihren Alltagsmythen (»Le cinématographe«), ihren lächerlichen Moden (»Je suis snob«). Für Vian, den Desillusionierten, den traurigen Zyniker, waren auch Hiroshima und Buchenwald lachhaft. Er besang seine Schädelstätten mit schmachtenden Tangorhythmen. Das war seine Art zu protestieren – und sie war allemal witziger als die der modernen Protestsongs.

C'est le tango des joyeux militaires
D'Hiroshima, Buchenwald et ailleurs
C'est le tango des fameux va-t'en
   guerre
C'est le tango de tous les fossoyeurs.

Das ist der Tango der fröhlichen Soldaten / Von Hiroshima, Buchenwald und so weiter / Der Tango von Malbrouck, der in den Krieg zieht / Der Tango aller Totengräber.

Faut qu'ça saigne
Appuie sur la baïonnette...
Faut qu'ça saigne
Démolis-en quelques-uns
Tant pis si c'est des cousins
Fais leur sortir le raisin
Faut qu'ça saigne

Blut muß fließen, / Drück auf das Bajonett, / Das muß rein oder das knallt... / Blut muß fließen, / Schlagt sie tot, / Macht nichts, wenn es deine Vettern sind, / Schieß ihnen die Kugel ins Gehirn, / Blut muß fließen, /

Si c'est pas toi qui les crève
Les copains prendront la r'lève
Et tu joueras la vie brève
Faut qu'ça saigne
Demain ça saigne
Demain ça sera ton tour
Demain ça sera ton jour
Pus d'bonhomme et pus d'amour
Faut qu'ça saigne... bien fort.

Wenn du sie nicht aufspießt, / Werden deine Kumpel die Arbeit erledigen, / Das Leben wird gekürzt sein, / Blut muß fließen. / Morgen bist du dran, / Morgen ist dein Todestag, / Dann kein Mann, keine Liebe mehr, / Blut muß fließen... ganz stark.

Die Groteske war zweifellos die Stärke des singenden Philosophen und philosophierenden Sängers: Vian, dessen Surprise-Parties und Boogie-Woogie-Bacchanalien berühmt waren, trieb die absurdesten Wortspielereien und schrieb die schönsten Nonsens-Monologe seiner Zeit – und meist für den singenden Clown Henri Salvador. So auch die Calypso-Parodie »Faut rigoler«:

Faut rigoler, faut rigoler
Avant que le ciel nous tombe sur la tête
Faut rigoler, faut rigoler pour empê-
   cher
Le ciel de tomber.

Wir müssen lachen, wir müssen lachen / Bevor der Himmel uns auf den Kopf fällt / Wir müssen lachen, lachen / Bevor uns der Himmel aufs Köpfchen fällt.

Grotesk war Vian nicht nur im Chanson. 1947, er hatte gerade als Vernon Sullivan in zehn Tagen einen Kriminalroman voller Sex und Sadismus verfaßt (»Auf eure Gräber werd' ich spucken«), ließ er ein »Radio-Massaker« im französischen Rundfunk aufführen. Sprecher: »Und jetzt auf vielfachen Wunsch die Direktübertragung einer Kundgebung, die heute morgen im beflaggten Berlin zur Feier der Rückkehr Adolf Hitlers stattfand. Der Führer erscheint in seinem Spezial-Cadillac, um sich zum neuen Capitol zu begeben, das mit Geldern des Marshall-Plans erbaut wurde.«
Doch schlug Vian andere Töne an – so kam nicht viel dabei heraus: Seine Liebeslieder, in wenigen Minuten heruntergeschrieben, sind meist nicht mehr als Amateurarbeit. Vian hat eben, wie auch so mancher Chanson-Autor und -Interpret der Saint-Germain-Epoche, die Welt mit den Augen eines Zwanzigjährigen gesehen.

Félix Leclerc, Georges Brassens

Als der kanadische Schriftsteller und Sänger Félix Leclerc (Jahrgang 1914) im Dezember 1950 in den »Trois Baudets« und wenig später im »ABC« seine ersten Soireen gegeben hatte, erklärte ihn »Le Monde« unverzüglich zum »ersten würdigen Nachfolger von Charles Trenet«. Der Auteur-Interprète Leclerc ist freilich noch mehr. Mit ihm nämlich beginnt eine neue Epoche im französischen Chansongeschäft, er hat dieser Volkskunst einen neuen Impuls gegeben. Denn Leclerc war der erste Künstler, der es ablehnte, seinen Gesang, wie bisher üblich, von einer Kapelle oder einem Klavier begleiten zu lassen oder gar innerhalb einer Revue aufzutreten. Er stand allein auf der Bühne und sang seine Lieder ausschließlich zu eigenhändiger Begleitung – Fuß auf dem Stuhl. Die zurückhaltende Gitarrenmusik – Begleitung und Melodie sind deutlich vom Jazz beeinflußt – ist der Naturpoesie Leclercs angemessen. Der Sohn eines kanadischen Bauern, der vom französischen Chanson-Impresario Jacques Canetti entdeckt und nach Paris gebracht wurde, besingt nicht mehr, wie einst Trenet, eine rosige Kinowelt – er preist seine kanadischen Wälder und Seen, den Wind und den Winter, die Liebe, das Universum, die »Family of Man« und vor allem die Arbeit, das einfache Leben der Bauern und Flößer. Leclerc, der sich selbst einen Faulenzer nennt, sagt: »Es gibt nur drei gute Dinge auf der Welt: Arbeit, Arbeit, Arbeit.« Das Lied vom Beruf, bisher in den französischen Music-Halls nie gehört, bietet Leclerc in einem für Franzosen komisch wirkenden Wortschatz: im abenteuerlichen Anglo-Französisch der Kanadier um Quebec. Er spricht beispielsweise vom »drave« statt von »flottage du bois« (Floß), er sagt »char« statt »automobile« (Fuhrwerk statt Auto), und in seinem Chanson »La Fête« reiht er Vornamen aneinander, die seit Ludwig XIV. nicht mehr gebräuchlich sind. Von diesem archaisch klingenden Vokabular macht Leclerc in seinen Schilderungen von Land und Leuten stets überreichlich Gebrauch – einen gut Teil seines Ruhms in Frankreich verdankt er diesem Effekt. Der naive Reiz der Leclerc-Chansons, oft gepriesen, wirkt bisweilen auch gefühlsleer.

A l'Angélus de ce matin
Le chef de drave, le gros Malouin,
A dit: »Les billots sont pris;
Qui d'entre vous, avec sa gaffe,

Beim Angelusläuten heute morgen / Hat der dicke Malouin, der Flößer, gesagt: / »Die Klötze sind fest. / Wer von euch mit seinem Bootshaken /

Va faire un trou pour qu'ça dégrafe,
Celui-là r'viendra pas.«
C'est en chantant cet air de jazz
Que MacPherson a pris le large
Sur son parka une fleur sauvage
Au d'sus d'sa tête un p'tit nuage
Du soleil jusqu'à l'Occident
Des diamants plein l'lac Saint-Jean
Des symphonies dessous les flots
Un homme tout seul sur son radeau.

Sie wieder loshakt, / Wird davon nicht zurückkommen.« / Diese Jazzmelodie sang / MacPherson, als er das Weite suchte, / Mit einer wilden Blume auf seinem Regenmantel, / Mit einer kleinen Wolke über seinem Kopf, / Sonne bis nach Westen, / Diamanten massenhaft im See von Saint-Jean, / Symphonien unter den Wellen, / Der Mann war ganz allein auf seinem Floß.

Der Sonderling Leclerc, der wie »ein Held Knut Hamsuns aussieht« (»Le Monde«), versteht auch unter der Liebe etwas anderes als seine französischen Kollegen. Seine Liebe ist – »Seid umschlungen, Millionen« – komisch, ein idealisiertes Gefühl, das ins Unendliche reicht.

Les blés sont mûrs et la terre est
    mouillée
Les grands labours dorment sous la
    gelée
L'oiseau si beau hier s'est envolé
La porte est close sur le jardin fané
Comme un vieux râteau oublié
Sous la neige je vais hiverner
Photos d'enfants qui courent dans les
    champs
Seront mes seules joies pour passer le
    temps
Mes cabanes d'oiseaux sont vidées
Le vent pleure dans la cheminée
Mais dans mon cœur je m'en vais com-
    poser
L'hymne au printemps pour celle qui
    m'a quitté.

Das Korn ist eingebracht, und die Erde ist naß, / Die gepflügten Felder ruhen unter dem Reif, / Der schöne Vogel ist gestern weggeflogen, / Die Tür zum verwelkten Garten ist geschlossen. / Wie ein alter vergessener Rechen / Werde ich unter dem Schnee überwintern, / Fotos von Kindern, die über die Felder springen, / Werden meine einzigen Freuden sein, mir die Zeit zu vertreiben, / Meine Vogelhütten sind leer, / Der Wind heult im Schornstein, / Aber mein Herz schreibt die Frühlingshymne / Für die Frau, die mich verlassen hat.

Leclerc, der mit diesem Frühlingslied und mit einer Hymne auf das kleine Glück (»Le p'tit bonheur«) gleich zu Beginn seines Pariser Aufenthalts gut ankam, blieb bis 1955 in Frankreich, dann trieb ihn, wie er sagt, das Heimweh wieder in seine kanadischen Wälder. Er kam gerade zurecht, um das »Erwachen der französischsprechenden Minorität« Kanadas mitzuerleben – eine von ihm kräftig unterstützte Rebellion der sechs Millionen Kanadier französischer Abstammung, denen von den englischsprechenden Mitbürgern der Aufstieg in Beruf und Politik schwergemacht worden war. Leclerc (»Ich wollte bei dieser ruhigen Revolution dabeisein«) demonstrierte mit Studenten und ließ auch in seine Romane und Theaterstücke Separatistengeist einsickern.

Leclercs Chansons, vor seinem Pariser Gastspiel daheim nur wenig bekannt, wurden nach seiner Rückkehr nach Kanada nicht nur nachgesungen, sondern auch nachgeahmt. Seine Naturlyrik wurde zum Vorbild für die erste Generation der kanadischen Auteurs-Interprètes, die etwa seit 1960 in kleinen Quebecker Lokalen auftraten und zusammen mit Leclerc immer wieder einmal zu Auftritten nach Paris kamen. Die bekanntesten: Raymond Levesque, Robert Charlebois, Jacques Blanchet, Claude Gauthier, Pierre Letourneau, Georges Dor, Jacques Forland und Gilles Vigneault, dessen Chanson »J'ai pour toi un lac« für die kanadische Richtung des französischen Chansons beispielhaft ist:

J'ai pour toi un lac, quelque part au
    monde,
Un beau lac tout bleu,
Comme un œil ouvert sur la nuit pro-
    fonde
Un cristal frileux
Qui tremble à ton nom comme tremble
    feuille
A brise d'automne...

Ich habe für dich einen See, irgendwo auf der Welt, / Einen schönen blauen See, / Wie ein waches Auge in tiefer Nacht / Ein frostiger Kristall / Der bei deinem Namen zittert wie das Blatt / Im Herbstwind...:

Félix Leclerc hat jedoch nicht nur in Kanada Schule gemacht. Daß Chansons heute oft persönliche Bekenntnisse des Künstlers sind, daß sie Überzeugungen, Hoffnungen und Enttäuschungen ausdrücken, daß sie persönlicher klingen als je zuvor, ist zu einem Großteil das Verdienst des Individualisten Leclerc. »Leclerc«, so urteilte »Le Monde«, »hat eine Epoche geprägt, neue Forderungen beim Publikum geweckt, einen neuen Stil lanciert, er hat den Chanson-Dichtern, -Komponisten und -Interpreten den Weg gebahnt, besonders den von Georges Brassens.«

Brassens ist in vielem seinem Wegbereiter Leclerc vergleichbar: Wie der Kanadier ist auch er Außenseiter und Eigenbrötler mit Vorliebe fürs Urwüchsige. Für beide ist das Chanson ein dem Theater und der Poesie gleichberechtigtes Ausdrucksmittel, beide Auteurs-Interprètes haben den gleichen Vortragsstil. Sie singen ohne Nuancen und versprechen sich nicht selten dabei, die Melodien gehen oft schwer ins Ohr, die Begleitung, stets nur auf der Gitarre gezupft, ist bisweilen eine kunstlose Aneinanderreihung von Stützakkorden. Brassens wie Leclerc sind alles andere als hinreißende Showmen. Sie können nicht, wie etwa Charles Trenet, Chansons perfekt und mit schauspielerischer Pose vortragen.

Dennoch war Brassens, der massive Dichter-Sänger mit Schnurrbart und Pfeife, der an seinem 60. Geburtstag im Oktober 1981 gestorben ist, schon zu Lebzeiten eine legendäre Gestalt, die das Volk mit einem wahren Personenkult feierte. Als erster Chanson-Interpret durfte Brassens im September 1966 allabendlich vor 27000 Zuhörern im Pariser »Théâtre National Populaire« auftreten, wo der damalige Kultusminister André Malraux sonst nur die großen Klassiker duldete.

Der Kult, gleichermaßen gefördert von Arbeitern wie von Intellektuellen, ist erklärbar: Kein anderer Chanson-Autor oder -Interpret vermochte die typischen Gefühle des Durchschnitts-Franzosen so zu verdichten wie Brassens. Er findet es »verrückt«, für manipulierte Ideen zu sterben (»Les deux oncles«), verherrlicht in seinen Liedern den Individualismus, er lobt das gute Leben, er verachtet die Uniformen und die Soutanen.

Infolgedessen umgab ihn »ein Klima von einstimmiger Bewunderung, das ein bißchen unecht und ein bißchen ungesund ist« – wie Lucien Rioux kritisiert. Diese hektische Bewunderung ist mit Zahlen zu belegen: Seit seinem Debüt Ende 1951 wurden von Brassens' Schallplatten nahezu 20 Millionen verkauft, seine gesammelten Werke – gut 150 Titel – liegen in Luxuskassetten vor. Und auch die puren Texte seiner Chansons, 1963 in der Reihe »Poètes d'aujourd'hui« erschienen, sind zum Bestseller gediehen und haben mittlerweile eine Auflage von über 300000 Exemplaren erreicht.

Brassens ist eine nationale Institution geworden, so national, daß der Romanautor Joseph Kessel und der Dramatiker Marcel Pagnol vorgeschlagen haben, den Dichter-Sänger, der »in seinem Aussehen flüchtig an Stalin, Orson Welles und einen Holzfäller aus Kalabrien erinnert« (»Le Canard Enchaîné«), in die »Académie Française« aufzunehmen, deren Poesie-Preis (10000 Francs) er 1967 bekam. Doch Brassens entzog sich der Ehrung, verweigerte die Kandidatur mit dem Hinweis auf seinen in einem Chanson verkündeten Lebensstil: »Bande à part, sacrebleu, c'est ma règle, et j'y tiens« (»Ich will abseits bleiben, Sakrament, das ist mein Prinzip, und ich bestehe darauf«).

Als Außenseiter hat sich der 1921 in Sète (Südfrankreich) geborene Maurersohn, der aus einer Schornsteinfegerlehre davonlief, um in Paris Journalist zu werden, schon in seinem ersten selbstgesungenen Chanson vorgestellt. Von der Patachou in ihr Montmartre-Cabaret eingeladen, sang er das Leitmotiv künftiger Brassens-Lyrik:

Au village, sans prétention
J'ai mauvaise réputation.
Qu' je m'démène, ou qu' je reste coi
Je pass' pour un je-ne-sais-quoi!
Je ne fais pourtant de tort à personne
En suivant mon ch'min de petit bon-
    homme,
Mais les brav's gens n'aiment pas que
L'on suive une autre route qu'eux.
Tout le monde médit de moi.
Sauf les muets, ça va de soi.

Le jour du quatorze juillet,
Je reste dans mon lit douillet.
La musique qui marche au pas,
Cela ne me regarde pas.
Je ne fais pourtant de tort à personne,
En n'écoutant pas le clairon qui sonne.
Mais les brav's gens n'aiment pas que
L'on suive une autre route qu'eux.
Tout le monde me montre du doigt.
Sauf les manchots, ça va de soi.

Quand j'crois' un voleur malchanceux
Poursuivi par un cul-terreux,
J' lanc' la patte et pourquoi le tair',
Le cul-terreux s'retrouv' par terre!
Je ne fais pourtant de tort à personne,
En laissant courir les voleurs de
    pommes.
Mais les brav's gens n'aiment pas que
L'on suive une autre route qu'eux.
Tout le monde se rue sur moi,
Sauf les culs-d'jatte, ça va de soi.

Pas besoin d'être Jérémie
Pour d'viner l'sort qui m'est promis,
S'ils trouv'nt une corde à leur goût,
Ils me la passeront au cou.
Je ne fais pourtant de tort à personne,
En suivant les ch'mins qui n'mèn'nt pas
    à Rome.

In dem Dorf – was ich nicht beruf – / Da habe ich einen schlechten Ruf. / Ob ich mich mühe, ob ich es laß, / Ich gelte als ich weiß nicht was! / Tu dabei doch keinem etwas zuleide, / Gehe meines Weges zu meiner Freude, / Doch die Leute lieben nicht, daß / Einer geht seine andre Straß'. / Alle Welt spricht von mir schlecht, / Die Stummen nicht, da ist es echt.

Am vierzehnten Juli, ich wett', / Bleib ich in meinem Daunenbett. / Die Musik, sie marschiert im Schritt, / Doch ich marschier im Geist nicht mit. / Tu dabei doch keinem etwas zuleide, / Habe an Trompeten halt keine Freude. / Doch die Leute lieben nicht, daß / Einer geht seine andre Straß'. / Alle Welt zeigt auf mich schlecht, / Die Krüppel nicht, da ist es echt.

Treff ich einen Dieb ohne Glück, / Verfolgt von einem Bauern-stück, / Stell ich das Bein hin, seht und hört: / Das Bauernstück sitzt auf der Erd'. / Tu dabei doch keinem etwas zuleide, / Habe an den Apfeldieben meine Freude. / Doch die Leute lieben nicht, daß / Einer geht seine andre Straß'. / Alle Welt fällt über mich her, / Die Lahmen nicht, da ist es schwer.

Man muß nicht Jeremias sein, / Um zu erraten das Schicksal mein, / Finden sie einen Strick mit Schmalz, / Legen sie ihn mir um den Hals. / Tu dabei doch keinem etwas zuleide, / Wenn ich nicht die Wege nach Rom be-schreite. /

Mais les brav's gens n'aiment pas que
L'on suive une autre route qu'eux.
Tout l'mond' viendra me voir pendu,
Sauf les aveugl's, bien entendu.

Doch die Leute lieben nicht, daß /
Einer geht eine andre Straß'. /
Alle Welt kommt, mich hängen
zu sehn, / Die Blinden nicht, man
kann's verstehn.

Der Anarchist Brassens, der morgens um sechs sein Tagwerk gelegentlich mit einer Lesung der Kirchenväter begann, hat im Chanson eine
Welt der Nonkonformisten erschaffen, die, wie er sagt, seiner »persönlichen Psychologie entstammt«. In diese Welt des kleinen Mannes, der
bemitleidenswerten Säufer, Huren und Tagdiebe flüchtet er vor den
»gens honnêtes«, den »croquants« und »grigous« – Synonyme für die
von ihm verachteten Spießbürger. »Zu seiner Leidenschaft für das
Nichtkonforme«, schreibt der Brassens-Biograph Alphonse Bonnafé,
»kommt aber immer das große Mitgefühl hinzu.« Diese Nächstenliebe
ist im »Chanson pour l'Auvergnat« besonders stark:

Elle est à toi cette chanson
Toi l'Auvergnat qui sans façon
M'as donné quatre bouts de bois
Quand dans ma vie il faisait froid
Toi qui m'as donné du feu quand
Les croquantes et les croquants
Tous les gens bien intentionnés
M'avaient fermé la porte au nez
Ce n'était rien qu'un feu de bois
Mai il m'avait chauffé le corps
Et dans mon âme il brûle encore
A la manièr' d'un feu de joie.

Dies kleine Lied, ich sing es dir, /
Du armer Mann, der wortlos mir /
Vier Scheite Holz zum Heizen
bot, / Als ich schon vor Kälte
halb tot. / Du hast ein Feuer mir
beschert. / Das reiche Pack, so
ehrenwert, / Schlug stets mit
frommer Seelenruh / Die Tür vor
der Nase mir zu. / Dein Feuer,
ach, so winzig schier, / Nicht nur
den Leib erwärmt' es mir… / In
meinem Herzen brennt's fürwahr /
Als Freudenfeuer immerdar!

Toi l'Auvergnat quand tu mourras
Quand le croqu'mort t'emportera
Qu'il te conduise à travers ciel
Au père éternel.

Du Mann, der mir so viel geschenkt, / Wirst in die Gruft du
einst gesenkt, / Mög dir Gottvater gnädig sein! / Zum Himmel
geh ein!

Elle est à toi cette chanson
Toi l'hôtesse qui sans façon
M'as donné quatre bouts de pain
Quand dans ma vie il faisait faim

Dies kleine Lied, ich sing es dir, /
Du gute Frau, die wortlos mir /
Vier trockne Brötchen zuge-
steckt, / Als ich vor Hunger fast
verreckt.

Toi qui m'ouvris ta huche quand
Les croquantes et les croquants
Tous les gens bien intentionnés

Du griffst in deinen Vorratssack, /
Als das herzlose, reiche Pack /
Mich angeglotzt nur voller
Hohn, /

S'amusaient à me voir jeûner
Ce n'était rien qu'un peu de pain
Mais il m'avait chauffé le corps
Et dans mon âme il brûle encore
A la manièr' d'un grand festin

Toi l'hôtesse quand tu mourras
Quand le croqu'mort t'emportera
Qu'il te conduise à travers ciel
Au père éternel.

Elle est à toi cette chanson
Toi l'étranger qui sans façon
D'un air malheureux m'as souri
Lorsque les gendarmes m'ont pris
Toi qui n'as pas applaudi quand
Les croquantes et les croquants
Tout les gens bien intentionnés
Riaient de me voir emmener
Ce n'était rien qu'un peu de miel
Mais il m'avait chauffé le corps
Et dans mon âme il brûle encore
A la manièr' d'un grand soleil

Toi l'étranger quand tu mourras
Quand le croqu'mort t'emportera
Qu'il te conduise à travers ciel
Au père éternel.

Indessen ich taumelte schon. / Vier Brötchen, ach, dies Scherflein klein / Hat nicht den Leib erwärmt allein... / Noch heute wärmt dies karge Mahl / Das Herz mir wie ein Bacchanal.

Du Weib, das mir so viel geschenkt, / Wirst in die Gruft du einst gesenkt, / Mög dir Gottvater gnädig sein! / Zum Himmel geh ein!

Dies kleine Lied, ich sing es dir, / Du Fremder, der zum Troste mir / Hat zugewinkt, als der Gendarm / Mir drehte ins Kreuz grad den Arm. / Du hast dazu nicht applaudiert, / Als man so grob mich abgeführt. / Während die Spießer lachten noch, / Als man mich gestoßen ins Loch. / Dein guter Blick, dein stummer Gruß, / Erwärmte mich von Kopf bis Fuß / Und wärmt mein Herz und wärmt mein Blut / Noch heut wie Sommersonnenglut.

Du Mensch, der mir so viel geschenkt, / Wirst in die Gruft du einst gesenkt, / Mög dir Gottvater gnädig sein! / Zum Himmel geh ein!

Brassens, der selbst in seinen ersten Pariser Jahren im Elend lebte und auch als reicher Mann bescheiden hauste, »der ein Linsengericht dem Kaviar« vorzog, betrachtete das Chanson »als eine unmittelbare Ausdrucksmöglichkeit, eine etwas anachronistische Art, die Dinge zu lieben, die um uns sind und die keiner gerne verlieren will«. So beklagte er den Verlust der »spontanen, bedingungslosen Güte und der schlichten Gefühle«, die seine maliziös geschilderten Gestalten zur Schau tragen – Menschen, die nie verurteilen, immer verzeihen und hilfsbereit sind. Das Brot, das seine mildtätige »Jeanne« verteilt, schmeckt deshalb wie Kuchen, und seine »Hélène« ist auch in verdreckten Holzpantinen und zerrissenem Unterrock liebenswert:

Les sabots d'Hélène
Étaient tout crottés
Les trois capitaines l'auraient appelée
   vilaine
Et la pauvre Hélène
Était comme une âme en peine
Ne cherche plus longtemps la fontaine
Toi qui as besoin d'eau
Ne cherche plus, aux larmes d'Hélène
Va-t'en remplir ton seau

Moi j'ai pris la peine
De les déchausser
Les sabots d'Hélèn' moi qui ne suis pas
   capitaine
Et j'ai vu ma peine
Bien récompensée.
Dans les sabots de la pauvre Hélène
Dans ses sabots crottés
Moi j'ai trouvé les pieds d'une reine
Et je les ai gardés.

Son jupon de laine
Était tout mité
Les trois capitaines l'auraient appelée
   vilaine
Et la pauvre Hélène
Était comme une âme en peine
Ne cherche plus longtemps la fontaine
Toi qui as besoin d'eau
Ne cherche plus, aux larmes d'Hélène
Va-t'en remplir ton seau

Moi j'ai pris la peine
De le retrousser
Le jupon d'Hélèn' moi qui ne suis pas
   capitaine
Et j'ai vu ma peine
Bien récompensée
Sous le jupon de la pauvre Hélène
Sous son jupon mité
Moi j'ai trouvé des jambes de reine
Et je les ai gardées.

Lenchens Holzpantinen / Waren
ganz verdreckt, / Die drei Kapitäne lachten nur, doch manche
Träne / Weinte drum Helene, /
Schmachtete, wie in der
Hölle... / Durstiger, such nicht
lang eine Quelle, / Lene hat Tränen genug, / Kannst mit den Tränen der armen Helene / Füll'n bis
zum Rand den Krug.

Lenchen, mußt nicht weinen / –
Tröstete ich sie –, / Ich bin kein
Kapitän, ich zähle nur zu den
Gemeinen! / Doch als ich der
Kleinen / Auszog ihre Schuh, /
Auszog die Schuh der armen He-
lene, / War ich belohnt wie nie! /
Füße fand ich, bewundernswert
schöne, / Hab mich verliebt in
sie.

Dann sah ich Helene / Stehn im
Unterrock, / Ganz durchlöchert
war er, die drei stolzen Kapitäne / Hätten auf der Stelle /
»Schlampe« nur geschimpft die
Lene... / Durstiger, such nicht
lang eine Quelle, / Lene hat Tränen genug, / Kannst mit den Tränen der armen Helene / Füll'n bis
zum Rand den Krug.

Lenchen, mußt nicht weinen, /
Was dir auch geschah, / Bin kein
Kapitän, ich zähle nur zu den
Gemeinen! / – Sprach ich zu der
Kleinen – / Doch, was sah ich
da? / Als ich den Rock hoch-
streifte der Lene, war ich belohnt
wie nie! / Beine fand ich, bewundernswert schöne, / Hab mich
verliebt in sie.

Et le cœur de Hélène
Savait pas chanter
Les trois capitaines l'auraient appelée
    vilaine
Et la pauvre Hélène
Était comme une âme en peine
Ne cherche plus longtemps la fontaine
Toi qui as besoin d'eau
Ne cherche plus, aux larmes d'Hélène
Va-t'en remplir ton seau

Moi j'ai pris la peine
De m'y arrêter
Dans le cœur d'Hélèn' moi qui ne suis
    pas capitaine
Et j'ai vu ma peine
Bien récompensée
Et, dans le cœur de la pauvre Hélène
Qu'avait jamais chanté
Moi j'ai trouvé l'amour d'une reine
Et moi je l'ai gardé.

Und das Herz der Lene / War vor Kummer krank. / Blöde hätten sicher sie genannt die Kapitäne. / Ach, die arme Lene / Schmachtete wie in der Hölle … / Durstiger, such nicht lang eine Quelle, / Lene hat Tränen genug, / Kannst mit den Tränen der armen Helene / Füll'n bis zum Rand den Krug!

Ich hab' ohn' Besinnen / keine Müh' escheut, / Ich, kein Kapitän, ich konnte Lenes Herz gewinnen, / Wohnte lange drinnen / Und hab's nie bereut … / Sie, die so arm, deren Leben so trübe, / Die man geliebt noch nie, / Königlich hat sie beschenkt mich mit Liebe, / Niemals vergeß ich sie!

Von der Liebe, wie von allen intimen Gefühlen, berichtet Brassens mit Zurückhaltung und in lyrischen Paraphrasen, die ihn »schlechthin zum Dichter der Zärtlichkeit« machen (Rioux). Diese Zurückhaltung legt er jedoch ab, wenn er als betont grober Humorist mit Lästerungen und Trivialausdrücken über Ausschweifungen und Abseitigkeiten phantasiert – Farcen in der Art der »Chansons de corps de garde«.
Anregung für die pornographischen Bizarrerien fand Brassens bei der Lektüre der Dichter des Mittelalters und der Renaissance, vornehmlich bei Villon, Rabelais und Du Bellay, den er auch vertonte; ferner in alten Trinkliedern und den »Chansons galantes«, die er, lange bevor er nach Paris kam, studiert und gesungen hat. In diesen Musik-Zoten hat Frankreich eine große Tradition. Bereits im 11. Jahrhundert sang der Troubadour Guillaume IX. d'Aquitaine mit auch für unsere Begriffe entwaffnender Offenheit:

On m'appelle Maître infaillible,
La femme qui m'a eu un soir
Le lendemain veut me revoir

Man nennt mich einen unfehlbaren Meister, / Die Frau, die mich am Abend geliebt hat, / Will mich am nächsten Tag wiedersehen. /

Dans ce métier, je puis le dire,
Je suis si fort
Qu'il peut me procurer mon pain
En tous pays.

In diesem Metier, das darf ich sagen, / Bin ich so stark, / Daß es mir mein Brot gewähren kann / In jedem Land.

Auf solche Modelle – die galanten Lieder erlebten im 18. Jahrhundert noch einmal einen Höhepunkt und verstummten am Ende des 19. – greift Brassens zurück, wenn er als »Pornographe du Phonographe« brilliert und schockiert: »Meinem verehrten Publikum, dem ich gern gönn' ein Gaudium, spuck' ich in die Visage rein Wörter oft wenig fein.«
Schon gleich der erste Ruhm, den der Chansonsänger sich in Paris erwarb, war ein Skandalruhm – hervorgerufen von einer unkonventionellen Fabel, die er auf seiner ersten Schallplatte veröffentlichte und die der französische Rundfunk nicht senden durfte.
Sie handelt von einem jungen Affen, der aus seinem Zookäfig ausbricht, um sich seiner Unschuld zu entledigen. Die Weiber, auf die er sich stürzen will, ergreifen die Flucht. Doch:

Tout le monde se précipite
Hors d'atteinte du singe en rut,
Sauf une vieille décrépite
Et un jeune juge en bois brut.
Voyant que toutes se dérobent
Le quadrumane accéléra
Son dandinement vers les robes
De la vieille et du magistrat.
Gare au gorille...

Da war kein Retten und kein Halten / Vor diesem Affen in der Brunft, / Mit Ausnahm' einer mürben Alten / Und eines Grünhorns der Richterzunft. / Als er sah, wie sie sich erschröcken, / Der Vierhänder es schneller tat, / Er wackelte zu jenen Röcken, / Zur Alten und zum Magistrat. / Achtung, Gorilla...

»Bah«, soupirait la centenaire
»Qu'on pût encor' me désirer
Ce serait extraordinaire
Et pour tout dire, inespéré.«
Le juge pensait, impassible
»Qu'on me prenne pour une guenon,
C'est complètement impossible.«
La suite lui prouva que non.
Gare au gorille...

Bah, wie die Hundertjährige stöhnte: / »Daß man mich will, geschieht nicht oft, / Es wäre etwas Ungewohntes / Und sozusagen unverhofft.« / Der Richter dachte recht bequeme: / »Es muß völlig unmöglich sein, / Daß man mich für ein Weibchen nähme.« / Die Folge zeigte ihm, daß nein. / Achtung, Gorilla...

Supposez qu'un de vous puisse être
Comme le singe obligé de
Violer un juge ou une ancêtre,
Lequel choisirait-il des deux?

Nimm an, du kämest auf den Trichter, / Zu vergewaltigen im Nu / Entweder Greisin oder Richter / So wie der Aff', wen wähltest du? /

Qu'une alternative pareille
Un de ces quatre jours m'échoit
C'est j'en suis convaincu, la vieille
Qui sera l'objet de mon choix
Gare au gorille…

Mais par malheur, si le gorille
Au jeu de l'amour vaut son prix,
On sait qu'en revanche il ne brille
Ni par le goût, ni par l'esprit.
Lors au lieu d'opter pour la vieille
Comme aurait fait n'importe qui
Il saisit le juge à l'oreille
Et l'entraîna dans un maquis.
Gare au gorille…

La suite serait délectable,
Malheureusement je ne peux
Pas la dire et c'est regrettable,
Ça nous aurait fait rire un peu.
Car le juge au moment suprême
Criait »maman«, pleurait beaucoup
Comme l'homme auquel le jour même
Il avait fait trancher le cou.
Gare au gorille…

Ja, stünde vor mir diese Alter- /
Native heut' zu meiner Qual, /
Ich glaub', es wäre dann das Al-
ter / Der Gegenstand von meiner
Wahl. / Achtung, Gorilla…

Doch Unglück – wenn auch der
Gorilla / Im Liebesspiel steht sei-
nen Mann, / So macht er euch
noch kein Geschiller, / Er zeigt
Geschmack und Geist nicht an. /
Die Alte nahm beileibe nicht er, /
Wie jeder es getan von euch, / Er
griff beim Ohre sich den Richter /
Und schleppte ihn in ein Ge-
sträuch. / Achtung, Gorilla…

Das Folgende wär' erbaulich, /
Doch leider kann ich mit Be-
dacht / Es euch nicht sagen, das
bedaur' ich, / Wir hätten wenigstens gelacht. / Der Richter in der
schönsten Lage / Schrie laut »Mama« und weinte mies, / So wie
der Mann am gleichen Tage, /
Dem er den Hals abschneiden
ließ. / Achtung, Gorilla…

Als Brassens bemerkte, daß ein Gutteil seines Publikums, wie einst bei Bruant im »Chat Noir«, nur dem ungehobelten Possenreißer und derben Wortspielen Beifall spendete, verzichtete er lange Zeit auf die schmutzigen Witze. Als er sie 1966 wieder in sein Repertoire aufnahm, erklärte er in einem Interview mit »L'Express«: »Ich erweise den Zoten einen großen Dienst, ich habe sie wieder poetisch gemacht.«
Doch während er die zynischen, unterkühlt gesungenen Pornographien als »unterhaltsamen Zeitvertreib« einstufte, hielt er ein anderes Chanson-Genre für »wichtig und bedeutsam« – seine Lieder über den Tod mit Titeln wie »Die Beerdigung von einst«, »Armer Martin«, »Der Totengräber«.
Der Tod, in fast allen Gesängen von Brassens gegenwärtig, wird nie tragisch genommen: Er tritt als burleske, keineswegs beängstigende Figur auf, die stets Stoff für derbe Komödien abgibt. So kann beispielsweise ein »Großvater« (Titel des Chansons) nicht beerdigt werden, weil der Sargträger keinen Kredit gibt, das »dralle Fleischerweib« nichts zum Leichenmahl beisteuert und der Vikar den Weihrauch verweigert.

Avant même que le vicaire
Ait pu lâcher un cri
J' lui bottai l'cul au nom du Pèr'
Du Fils du Saint-Esprit

C'est depuis ce temps-là que le bon
   apôtre
Ah! c'est pas joli
Ah! c'est pas poli
A un' fess' qui dit merde à l'autre

Aber bevor der fromme Bruder / Ausstieß nur einen Schrei, / Trat in den Arsch ich diesem Luder, / Gottvater stand mir bei.

Seitdem hat der Jünger des Herrn am Steiße / Oh, das ist nicht fein, / Oh, das ist gemein! – / Eine Backe, die sagt nur »Scheiße«!

Doch mit solchen Versen wollte der mehrmals zu Tode erkrankte Brassens (er litt die letzten 30 Jahre seines Lebens an Nierenkoliken) nur das Unbehagen kaschieren, das ihn befiel, wenn er über die letzte Stunde, dieses »Sinnbild der Absurdität des Lebens«, nachdachte.

O vous les arracheurs de dents
Tous les cafards, les charlatans
Les prophètes
Comptez plus sur oncle Archibald
Pour payer les violons du bal
A vos fêtes

Ihr Schwindler, Parasitenpack, / Ihr müßt für Wein jetzt und Kognak / Selber blechen! / Denn der für euch hat meist bezahlt, / Nie mehr zahlt Onkel Archibald! Eure Zechen!

En courant sus à un voleur
Qui venait de lui chiper l'heure
A sa montre
Oncle Archibald, coquin de sort
Fit de sa Majesté la Mort
La rencontre

Er packte grade mit Bravour / Den Gauner, der mit seiner Uhr / Wollt' entwischen, / Da ließ es zu der liebe Gott, / Daß Seine Majestät der Tod / Kam dazwischen.

Telle un' femm' de petit' vertu
Elle arpentait le trottoir du
Cimetière
Aguichant les homm's en troussant
Un peu plus haut qu'il n'est décent
Son suaire

Dies Weib, das keinen Anstand hat, / Ging hin und her vorm Friedhof grad / Höchst verführlich, / Wobei sie ihren Schleierrock / Schrittweise hoch und höher zog / Als gebührlich.

Oncle Archibald d'un ton gouailleur
Lui dit: Va-t'en fair' pendre ailleurs
Ton squelette
Fi des femelles décharnées
Vivent les bell's un tantinet
Rondelettes

»Geh weg!« sprach Onkel Archibald, / »In deiner Nähe wird mir kalt, / Bin kein Kunde! / Häng dein Skelett woanders ein! / Hab ich mal Lust, fall ich nur rein / Auf 'ne Runde!«

Lors montant sur ses grands chevaux
La mort brandit la longue faux
D'agronome
Qu'elle cachait dans son linceul
Et faucha d'un seul coup d'un seul
Le bonhomme

Comme il n'avait pas l'air content
Elle lui dit: ça fait longtemps
Que je t'aime
Et notre hymen à tous les deux
Était prévu depuis l' jour de
Ton baptême

Si tu te couches dans mes bras
Alors la vie te semblera
Plus facile
Tu y seras hors de portée
Des chiens des loups des homm's et des
Imbéciles

Nul ne contestera tes droits
Tu pourras crier: Viv' le roi
Sans intrigue
Si l'envie te prend de changer
Tu pourras crier sans danger
Viv' la ligue

Ton temps de dupe est révolu
Personne ne se payera plus
Sur ta bête
Les »plaît-il maître« auront plus cours
Plus jamais tu n'auras à cour-
ber la tête

Et mon oncle emboîta le pas
De la bell' qui ne semblait pas
Si féroce
Et les voilà bras d'ssus bras d'ssous
Les voilà partis je n'sais où
Fair' leurs noces.

Mit Worten, wie auch sonst nicht
faul, / Riß gräßlich auf sein
schwarzes Maul / Das Gerippe, /
Griff unter'n Rock und putzte –
zack! – / Den Alten weg mit
einem Schlag / Seiner Hippe.

Der Gute fand das gar nicht
nett, / Da schrie das Scheusal:
»Marsch, ins Bett, / Alter Knabe! /
Seit deiner Taufe bist du mein, /
Und heut' wird unsre Hochzeit
sein / Hier im Grabe!

Hab keine Angst vor meinem
Arm! / Gemütlich ist es, still und
warm / Bei den Toten! / Hier bellt
kein Hund, kein Wolf kommt
her, / Hier ärgern Menschen dich
nicht mehr, / Nicht Idioten!

Hier schränkt man keine Freiheit
ein. / ›Vivat der König!‹ darfst du
schrein / Und schon morgen /
›Vivat die Liga!‹ alleweil, / Wenn
dir gefällt das Gegenteil: / Ohne
Sorgen!

Zu End' ist deine Narrenzeit, /
Du zahlst nicht mehr für andre
Leut', / Mußt nicht schweigen /
Vor jedem Esel, jedem Wicht, /
Vor sogenannten Meistern nicht /
Dich verneigen!«

Da lachte Onkel Archibald, /
Denn nicht mehr widerlich und
kalt / Schien die Kunkel. / Und
Arm in Arm zog er mit ihr / Zur
Brautnacht – wo? – was wissen
wir! – / Fort ins Dunkel.

O vous les arracheurs de dents
Tous les cafards, les charlatans
Les prophètes
Comptez plus sur oncle Archibald
Pour payer les violons du bal
A vos fêtes.

Ihr Schwindler, Parasitenpack, / Ihr müßt für Wein jetzt und Kognak / Selber blechen! / Denn der für euch hat meist bezahlt, / Nie mehr zahlt Onkel Archibald / Eure Zechen!

Bereits 1955 hat Brassens, nach dem Beispiel seines Vorbildes Villon, »Das Testament« gemacht, 1966 fügte er ihm ein Postscriptum hinzu. Es ist eine schwerverständliche Ballade mit langen Sätzen, gesuchten, sogar gezierten Reimen, befremdenden Gedankenassoziationen und gelehrtem Wortschatz – Resultat einer großen Belesenheit, typisch für seine letzten Produktionen, mit denen er häufiger denn je die Regel durchbrach, wonach ein Chanson nur drei Minuten dauern darf: Brassens brauchte oft sechs.

La Camarde qui ne m'a jamais pardonné
D'avoir semé des fleurs dans les trous de son nez
Me poursuit d'un zèle imbécile
Alors cerné de près par les enterrements
J'ai cru bon de remettre à jour mon testament
De me payer un codicille

Der Tod, der mir nie verzeihen konnte, / Daß ich ihm Blumen in die Nasenlöcher gesät habe, / Verfolgte mich mit blödsinnigem Eifer. / Von Beerdigungen umzingelt, / Habe ich es für gut gehalten, mein Testament in Ordnung zu bringen, / Mir ein Kodizill zu leisten.

Trempe dans l'encre bleue du golfe du Lion
Trempe trempe ta plume ô mon vieux tabellion
Et de ta plus belle écriture
Note ce qu'il faudrait qu'il advint de mon corps
Lorsque mon âme et lui ne seront plus d'accord
Que sur un seul point la rupture.

Tauche in die blaue Tinte des Löwengolfs, / Tauche, tauche deine Feder, mein alter Gerichtsschreiber, / Und notiere mit deiner schönsten Schrift, / Was mein Körper werden soll, / Wenn er und meine Seele nur noch in einem / Einzigen Punkt einig sind, der Trennung.

Wie seine Chanson-Gestalten hat Brassens sein Schicksal sofort akzeptiert, als er erfuhr, daß er an Krebs erkrankt sei. Seinem »pauvre marin« gleich, der, als die Zeit gekommen war, sich sein eigenes Grab schaufelte, um möglichst unauffällig verschwinden zu können, schlich sich Brassens aus Paris davon, heim nach Sète. Dort, aber nicht auf dem berühmten von Paul Valéry besungenen »Cimetière Marin«, sondern auf dem »Friedhof der Armen« ließ er sich beerdigen – ohne Kränze, ohne Feier und früh morgens, viele Stunden vor dem offiziell verkündeten Termin. »Im Tod noch werd' ich ihnen ein Schnippchen schlagen« heißt eine Zeile von Brassens. Er hat Wort gehalten.

Jacques Brel

Gleich dem Eigenbrötler Brassens sang, dichtete und komponierte der Belgier Jacques Brel gegen das »Versagen der Intelligenz« und gegen das »Einschlafen des kritischen Verstandes« an. Brel, der jedoch weitaus bitterer, gequälter und leidenschaftlicher deklamierte, besaß die »schonungslose, grausame Schönheit der Menschen, die der Welt nicht verzeihen, daß sie sich akzeptiert«. So der Romancier Alain Bosquet, ein Literat, der sonst eher an der Poesie von Saint-John Perse als am Chanson Gefallen findet.

Brel, der 1929 in Brabant geboren wurde und sich 1953 von der väterlichen Papierfabrik, in die er schon mit 15 Jahren eintreten mußte, von Frau und drei Töchtern nach Paris absetzte, hat im Herbst 1966 seine öffentliche Sängerkarriere beendet. Der »beste Chansonsänger der Welt« (»Sunday Times«) zog sich mit seinem Segelboot in die Südsee zurück, spielte aber gelegentlich in Paris auf dem Theater, drehte Filme, dichtete und komponierte Chansons, von denen er ein Gutteil, einer alten Vertragsverpflichtung wegen, auf Platten sang. Die letzte kam wenige Tage vor seinem Tode im Oktober 1978 heraus.

Bis zu seinem Rücktritt im Jahre 1966 hatte Brel in über 300 Soireen und Matineen pro Jahr – zu den Gastspielen reiste er im eigenen zweimotorigen Flugzeug, das er selbst steuerte – vorwiegend zwei Themen behandelt: die Verlassenheit des Menschen und das, was ihm über Verlassenheit und Unzulänglichkeit hinweghilft:

Il nous faut regarder	Wir müssen endlich sehen / Die Schönheit dieser Welt, / Am Strand die Mädchen gehen, / Das blaue Himmelszelt, / Den Freund und seine Treue, / Sonne, die wiederkehrt...
Ce qu'il y a de beau	
Le ciel gris ou bleuté	
Les filles au bord de l'eau	
L'ami qu'on sait fidèle	
Le soleil de demain...	

Brel besingt die flämisch-flache Landschaft, die Liebe zu den Frauen und die Freundschaft zu Kumpanen. Doch weder Liebe noch Feste noch Reichtum noch Ruhm – diese »divertissements«, wie Pascal sagt – können den Menschen von seiner Einsamkeit erlösen.
Gemäß dieser Brel-Maxime fühlen all seine verlassenen Chanson-Ge-

stalten, daß ihr Tun und Treiben sinnlos ist. Das Chanson »Seul« drückt diese existentialistische Überzeugung am eindringlichsten aus:

On est deux mon amour
Et l'amour chante et rit
Mais à la mort du jour
Dans les draps de l'ennui
On se retrouve seul

Wir sind zwei, mon amour, / Wenn die Liebe uns lacht / Doch am Ende des Tags / In den Tüchern der Nacht – / Da bleibt man nur allein.

On est dix à défendre
Les vivants par des morts
Mais cloués par leurs cendres
Au poteau du remords
On se retrouve seul

Wir sind zehn, die verwehren / Dem der lebt Heldentod / Doch vor Kreuzen und Ehren / Und Gewissen in Not – / Da bleibt man nur allein.

On est cent qui dansons
Au bal des bons copains
Mais au dernier lampion
Mais au premier chagrin
On se retrouve seul

Hundert sind wir beim Tanz / Jeder jedem ein Freund / Wenn das Licht uns verläßt / Und die Sorge uns scheint – / Dann bleibt man nur allein.

On est mille contre mille
A se croire les plus forts
Mais à l'heure imbécile
Où ça fait deux mille morts
On se retrouve seul

Tausend stehn gegen tausend / Fühln sich stark und bedroht / Doch ein Wahnsinnsmoment / Bringt zweitausend den Tod – / Und man bleibt nur allein.

On est million à rire
Du million qui est en face
Mais deux millions de rires
N'empêchent que dans la glace
On se retrouve seul

Und Millionen die lachen / Millionen ins Gesicht / Doch millionenfache Freude / Taut Eiskälte nicht – / Man bleibt doch nur allein.

On est mille à s'asseoir
Au sommet de la fortune
Mais dans la peur de voir
Tout fondre sous la lune
On se retrouve seul

Tausend thronen beschenkt / Auf dem Gipfel vom Glück / Doch wenn Angst sie bedrängt / Es zerbricht Stück für Stück – / Dann bleibt man nur allein.

On est cent que la gloire
Invite sans raison
Mais quand meurt le hasard
Quand finit la chanson
On se retrouve seul

Hundert greift sich wie blind / Der Ruhm, der bald verblüht / Wenn der Zufall verrinnt / Und am Ende vom Lied – / Da bleibt man nur allein.

On est dix à coucher
Dans le lit de la puissance
Mais devant ces armées
Qui s'enterrent en silence
On se retrouve seul

On est deux à vieillir
Contre le temps qui cogne
Mais lorsqu'on voit venir
En riant la charogne
On se retrouve seul

Und nur zehn liegen schwer / In den Betten der Macht / Aber vor diesem Heer / Auf dem Friedhof der Schlacht – / Da bleibt man nur allein.

Man ist alt und zu zweit / Und die Stunde kommt sacht / Doch auch wenn man nicht schreit / Und den Schinder verlacht – / Dann bleibt man nur allein.

Von der Einsamkeit im Beisammensein singt Brel auch in den Chansons »Die nächste Liebe«, »Man vergißt nichts«, »Geh' nicht fort von mir«, »Die Mädchen und die Hunde«. Ohne Selbstmitleid berichtet er in sarkastischen Wendungen im Chanson »Au suivant« (»Der Nächste«) von der Liebe der Soldaten:

Tout nu dans ma serviette qui me servait de pagne
J'avais le rouge au front et le savon à la main
Au suivant au suivant
J'avais juste vingt ans et nous étions cent vingt
A être le suivant de celui qu'on suivait
Au suivant au suivant
J'avais juste vingt ans et je me déniaisais
Au bordel ambulant d'une armée en campagne
Au suivant au suivant

Moi j'aurais bien aimé un peu plus de tendresse
Ou alors un sourire ou bien avoir le temps
Mais au suivant au suivant
Ce ne fut pas Waterloo mais ça ne fut pas Arcole
Ce fut l'heure où l'on regrette d'avoir manqué l'école
Au suivant au suivant…

Ganz nackt, mit rotem Kopf, nur ein Stück Handtuch / Als Lendenschurz drapiert, und die Seife in der Hand: / Nächster, ran! Nächster, ran! / Ich war kaum zwanzig Jahr', wir waren hundert Mann, / Als nächster warn wir dran, wo hundert vorher waren. / Nächster, ran! Nächster, ran! / Ich war kaum zwanzig Jahr, da habe ich erfahren / In einem Feldbordell die Liebe auf dem Bettuch. / Nächster, ran! Nächster, ran!

Ich hätte gern geliebt mit etwas Zärtlichkeit, / Vielleicht ein Lächeln nur, nicht ganz so wenig Zeit. / Nächster, ran! Nächster, ran! / Das wurde eine Stunde, in der bereut man so, / Daß man die Schule schwänzte. Das war kein Waterloo. / Nächster, ran! Nächster, ran…

Bei Brel ist die Erfahrung des Verlassenseins auch religiös. Brel, dezidierter Atheist, hat in seinen frühen Chansons viel mehr mit Gott gehadert – so viel, daß er der »Pfarrer Brel« genannt wurde. Seine damaligen Zuhörer waren vorwiegend Mitglieder links-christlicher Jugendbünde, die in seinen Liedern ein Echo ihrer eigenen Probleme, ihres Ekels vor Ungerechtigkeit und Heuchelei fanden.

1955, als Brel noch hungerte, sang der Sänger beispielsweise zu gefälligen modernen Rhythmen das Chanson von den Arbeiterpriestern:

Voici qu'en nos faubourgs délavés des
Prêtres en litanies sont devenus ouvriers,
Voici des mains usées de courage qui
Caressent l'établi d'où jaillit la belle
Ouvrage...

In unseren verregneten Vororten sind jetzt / Priester Arbeiter geworden / Ihre verbrannten Hände streicheln nun / Die Werkbank, auf der die schöne Arbeit entsteht...

In einem anderen Chanson, in »Grand Jacques«, protestiert er:

C'est trop facile d'entrer aux églises
De déverser toutes ses saletés
Face au curé qui dans la lumière grise
Ferme les yeux pour mieux nous pardonner

Es ist zu leicht, nur zum Beichtstuhl zu treten, / Sündig gemein, so daß selbst der Curé / Im grauen Dämmerlicht vor unserem Beten / Die Augen schließt für sein »Absolvo te«.

Tais-toi donc Grand Jacques
Que connais-tu du Bon Dieu
Un cantique une image
Tu n'en connais rien de mieux...

Sei doch still, Grand Jacques / Denn was weißt du schon von Gott? / Ein Choral, eine Ikone; / Nichts vom Leben, nichts vom Tod...

Der frühe Ruhm, den ihm solche »metaphysischen« Chansons eintrugen, beruhte freilich auf einem Mißverständnis. Brel beklagte in einem Interview, er sei als religiöser Propagandist mißverstanden und mißbraucht worden. Nie, so gestand er, habe ihm daran gelegen, einen christlichen Gott zu finden. Er distanzierte sich deshalb von diesen abstrakten Chansons – nur wenige sind in die Brel-Anthologie des Verlages Pierre Seghers aufgenommen worden. Denn zu deutlich offenbaren sie auch Brels Ungeschicklichkeit im Gebrauch von Bildern. Er hatte nie ein so intimes Verhältnis zur Literatur, wie Brassens es hatte: Seine Metaphern sind oft unbeholfen, seine Vergleiche gewollt – beides vermochte er jedoch durch seinen packenden Vortrag zu verdecken.

Um Verlassenheit und Absurdität im menschlichen Dasein zu zeigen, bemühte Brel nicht mehr Gott – dafür um so mehr den Tod. Und er besang ihn, um dem Thema jedes Pathos zu nehmen, mit gehässiger Trockenheit zu Tangorhythmen.

Im »Tango funèbre« sah Brel, der an einem qualvollen Krebsleiden gestorben ist, sein eigenes Begräbnis voraus: Er registriert, wie sich Verwandte und Freunde auf den Nachlaß stürzen, seine Liebesbriefe lesen und bösartig kommentieren; er sieht die falschen Tränen, die seine Witwe in spe ihm nachweint, während sie schon an einen anderen denkt. In »Le moribond« verabschiedet er sich von seinem besten Freund, dem Pfarrer, von Antoine und seiner Frau, die ihn mit Antoine betrog. Im Chanson »Le dernier repas« (»Das letzte Mahl«) nimmt er am eigenen Leichenschmaus teil, zecht mit Brüdern, den Nachbarn, all seinen Geliebten, mit Hunden und Katzen, wirft ein letztes Mal Steine in den Himmel, schreit ein letztes Mal »Gott ist tot« – dann läßt er sich zum Friedhof tragen.

Während Brassens humoristisch und resigniert vom Tode berichtet, besingt Brel ihn mit aufsässig-empörtem Lachen: Das Chanson von der Verlassenheit ist bei Brel metaphysischer Protestgesang.

Sein zweites großes Thema von der menschlichen Gedankenlosigkeit und Unzulänglichkeit hat Brel zu satirischen »Chansons-réportages« über verkrachte Existenzen, über Snobismus, Intoleranz, Fanatismus und Militarismus inspiriert. Allerdings, wenn Brel in »Les bourgeois« sang: »Die Spießbürger sind wie die Schweine, je älter, um so schlimmer«, dann wendet er sich nicht nur gegen die soziale Schicht, aus der er stammte. Er singt gegen die Gefahr der Verspießerung. »Die Bourgeois«, schreibt Jean Clouzet, »das sind wir, jedesmal wenn wir uns selber verleugnen, jedesmal wenn wir die Ohren verschließen vor Ideen, für die wir einst gekämpft haben.« Und auch die »Bigotes«, die Frömmlerinnen, eines andern Liedes sind nicht allein die Frauen, die von »Weihwasserkessel zu Weihwasserkessel Prozession machen«, das sind all jene, die sich einer religiösen, philosophischen, politischen oder ästhetischen Ideologie bedingungslos unterwerfen. Die Protagonisten dieser boshaft-witzigen Lieder sind meist borniert, charakterlose, kleinliche Menschen. Ihre Geschichte ist für Brel ein »Psychodrama mit vorbeugender Wirkung«, das ihn immer wieder mahnt, sich nicht selber aufzugeben:

Le cœur bien au chaud	Das Herz am rechten Fleck, / Die Augen tief im Glas, / Von der fetten Adrienne serviert – / Mal ein Glas mit Pierre, / Mal ein Glas mit Klaas, / Man säuft viel, wenn man grad zwanzig wird. / Freund Pierre, der hielt sich fast für Dante. /
Les yeux dans la bière	
Chez la grosse Adrienne de Montalant	
Avec l'ami Jojo	
Et avec l'ami Pierre	
On allait boire nos vingt ans	
Jojo se prenait pour Voltaire	

Et Pierre pour Casanova
Et moi qui étais le plus fier
Moi je me prenais pour moi
Et quand vers minuit passaient les no-
taires
Qui sortaient de l'hôtel des »Trois Fai-
sans«
On leur montrait notre cul et nos
bonnes manières
En leur chantant

Les bourgeois c'est comme les cochons
Plus ça devient vieux plus ça devient
bête
Les bourgeois c'est comme les cochons
Plus ça devient vieux plus ça devient...

Le cœur bien au chaud
Les yeux dans la bière
Chez la grosse Adrienne de Montalant
Avec l'ami Jojo
Et avec l'ami Pierre
On allait brûler nos vingt ans
Voltaire dansait comme un vicaire
Et Casanova n'osait pas
Et moi qui restais le plus fier
J'étais presque aussi saoul que moi
Et quand vers minuit passaient les no-
taires
Qui sortaient de l'hôtel des »Trois Fai-
sans«
On leur montrait notre cul et nos
bonnes manières
En leur chantant

Les bourgeois c'est comme les cochons
Plus ça devient vieux plus ça devient
bête
Les bourgeois c'est comme les cochons
Plus ça devient vieux plus ça devient...

Le cœur au repos
Les yeux bien sur terre
Au bar de l'hôtel des »Trois Faisans«

Klaas wollte Casanova sein. /
Doch ich, der Superarrogante, /
Ich, ich wollte nur ich selber
sein. / Und um Mitternacht,
wenn das Bürgerpack / Heimwärts ging vom Hotel ›Goldfasan‹, / Zeigten wir den Arsch
diesen Kerls im Frack / Und
sangen dann

Bürger sind wie das Schwein im
Stall, / Um so älter, um so mehr
sind sie dämlich. / Bürger sind
wie das Schwein im Stall, / Um so
älter, um so mehr sind sie...

Das Herz am rechten Fleck, / Die
Augen tief im Glas, / Von der
fetten Adrienne serviert – / Mal
ein Glas mit Pierre, / Mal ein
Glas mit Klaas, / Schnell ent-
flammt, wenn man grad zwanzig
wird. / Fast wie ein Pastor tanzte
Dante, / Und Casanova traut sich
nicht. / Und ich, der Superarrogante, / Ich war schon fast so blau
wie ich. / Und um Mitternacht,
wenn das Bürgerpack / Heimwärts ging vom Hotel ›Goldfasan‹, / Zeigten wir den Arsch
diesen Kerls im Frack / Und sangen dann

Bürger sind wie das Schwein im
Stall, / Um so älter, um so mehr
sind sie dämlich. / Bürger sind
wie das Schwein im Stall, / Um so
älter, um so mehr sind sie...

Das Herz im Ruhestand, / Die
Augen schon gradaus, / An der
Bar im Hotel ›Goldfasan‹, /

Avec maître Jojo
Et avec maître Pierre
Entre notaires on passe le temps
Jojo parle de Voltaire
Et Pierre de Casanova
Et moi qui suis resté le plus fier
Moi je parle encore de moi
Et c'est en sortant Monsieur le Com-
  missaire
Que tous les soirs de chez la Montalant
De jeunes »peigne-culs« nous montrent
  leur derrière
En nous chantant...

Treff ich jetzt Doktor Pierre, /
Treff ich jetzt Doktor Klaas / und
den Stadtrat auch so dann und
wann. / Freund Pierre spricht da-
bei von Dante, / Von Casanova
Klaas – auch hier, / Doch ich, der
Superarrogante, / Ich, ich red im-
mer noch von mir. / Doch beim
Heimwärtsgehn, Monsieur le
Commissaire, / Zeigen aus der
Kneipe nebenan / Junge Scheiß-
kerls uns frech den Hintern her /
Und singen dann...

In dieser borniertten Welt gab es für Brel wenige Dinge, an denen sich
der Sänger festklammern konnte: die Liebe schon gar nicht mehr – seine
Liebeslieder waren immer skeptischer und seltener geworden –, eher die
flämische Landschaft und die Freundschaft, die ihn zu seinen besten
Kompositionen inspiriert haben. Die »Chansons d'atmosphère«, wie das
Erfolgslied »Amsterdam« oder die Landschaftsmalerei »Le plat pays« –
vier Strophen von je sechs Alexandrinern –, lassen das dichterische
Talent Brels am deutlichsten erkennen. Dagegen sind die Chansons
über das Thema Hoffnung, etwa »Jef«, »Les bonbons« oder »Madelei-
ne«, kleine einfache Fabeln, die dem Sänger viele Interpretationsmög-
lichkeiten erlaubten.
Diese »Chansons-sketches«, wie Brel die Lieder nannte, leben nur von
der Intelligenz und der schauspielerischen Begabung, mit der Brel sie
offerierte – im Unterschied zu den Chansons von Brassens und Béart,
die keinen theatralischen Vortrag zulassen.
Während seiner Tour de chant erfand Brel, der stets im weißen,
knopflosen Hemd und im schwarzen Anzug auftrat, fortwährend neue
Mimikspiele und Gesten – nichts war einstudiert. Er leistete sich Hans-
wurstiaden, um groteske Effekte seiner Lieder deutlicher zu machen,
und wenn er nichts zu tun hatte, dirigierte er seine Vier-Mann-Band:
Brel stand keinen Augenblick still. Wenn der Vorhang nach 45 Minuten
fiel, hatte der erschöpfte Sänger gewöhnlich ein Kilo Gewicht verloren –
in der Garderobe nahm er sofort wieder zu: er trank meist vier Flaschen
blondes Bier.
Engagierte Chansons, »Chansons-reportages«, »Chansons-sketches«:
Brels Repertoire war breit. Sein Wortschatz ist alltäglicher als der von
Brassens, der Gedanke durchsichtiger als bei Béart, die Musik (oft im
ausgefallenen $\frac{5}{4}$- oder $\frac{7}{8}$-Takt) mitreißend flott.
Brel strebte nicht die formale Vollkommenheit an wie Brassens. Das

Chanson war für ihn, wie er sagte, ein »Liebesakt«. Er war kein Ästhet, er wollte vielmehr, ein Missionar des Chansons, die Zuhörer wachrütteln – meist mit schwarzem Humor, der mit dem traditionell gallischen Witz kaum etwas gemein hat. Es ist eher ein explosiver Galgenhumor, der aus religiöser Enttäuschung entsteht, ein Humor, den der Filmregisseur Chris Marker als die »Höflichkeit der Verzweiflung« gekennzeichnet hat. Doch dieser Humor gefiel einer Generation, die Dada wiederentdeckt hat, die den Romancier Raymond Queneau, den Fernsehregisseur Jean-Christophe Averty und die Zeichner Chaval und Steinberg liebte – diese Meister des schwarzen Humors.

Guy Béart

Brassens läßt seine psychologisch beobachteten Außenseiter-Typen in einer unbestimmten Epoche handeln, und auch Brels soziologisch analysierte Antihelden leben in nahezu zeitloser Umwelt. Doch was beide in ihren Moralistenfabeln außer acht gelassen haben, das holt nun ein anderer Auteur-Interprète nach: Guy Béart beschreibt präzise das zeitgenössische Dekor, die Zeit-Kulisse, vor die er moderne Menschen stellt. Béart ist der einzige Chansondichter, der das technische Zeitalter, der Fernsehen und Raumfahrt, Science-fiction und einen möglichen Atomkrieg zur Kenntnis nimmt. Er berichtet darüber mit der Distanz des Dokumentators und dem Wortschatz des Technikers – in der Sprache, die er erlernt hat.

Béart wurde 1930 in Nizza geboren und flüchtete mit seinem jüdischen Vater vor den deutschen Besatzungstruppen vorübergehend in den Orient. Er war Ingenieur gewesen und hatte unter dem Einfluß von Kafka und Michaux mehrere Theaterstücke verfaßt, bevor er sich 1957 ganz dem Chanson zuwandte. Seine ersten Chansonverse versah Béart, der lange zwischen Ingenieur- und Musik-Studium geschwankt hatte, auch gleich mit eigener Musik: Der Amateur, noch im Brückenbaufach tätig, sang sie Freunden im Cabaret »La Colombe« nahe Notre-Dame vor. Es waren Lieder, die alsbald von Juliette Gréco (»Chandernagor«), Zizi Jeanmaire (»Il y a plus d'un an«) und der Patachou (»Bal chez Temporel«) nachgesungen wurden. Dem Anfangserfolg ließ Béart dann auch seine erste Schallplatte folgen, die rasch ein Bestseller wurde. Sie hieß »L'eau vive«.

Um diese Zeit bereits schrieb Béart an einem Chanson, dessen Titelfrage »Qui suis-je?« er erst 1965, nach zehnjähriger Arbeit am Text, halbwegs zu seiner Zufriedenheit beantwortet zu haben glaubte. Béart gab seine siebenstrophige »Ellipse« heraus, in der er über alte Probleme meditiert – über die »totale Verfügbarkeit des entwurzelten Stadtmenschen«, der keinen Halt mehr findet, weder an überlieferten wissenschaftlichen und moralischen Lehrsätzen noch an politischen Leitbildern, noch an seinen eigenen Gefühlen, die, wie Béart sich mokiert, doch nur von Hormonkonstellationen abhängig sind. Im Unterschied zu Brel und Brassens, die sich mit dieser modernen Welt nicht auseinandersetzen mögen, sich nur resigniert mit ihr abfinden, schickt sich Béart gelassen in die paradoxe

Situation. Er fordert Mut und Tat; der Mensch, so verlangen seine
Lieder, soll weiter forschen, dichten und vor allem lieben.

Je suis né dans un arbre
Et l'arbre on l'a coupé
Dans le soufre et l'asphalte
Il me faut respirer
Mes racines vont sous le pavé
Chercher une terre mouillée

Qui suis-je
qu'y puis-je
Dans ce monde en litige
Qui suis-je
Qu'y puis-je
Dans ce monde en émoi

On m'a mis à l'école
Et là j'ai tout appris
Des poussières qui volent
A l'étoile qui luit
Une fois que j'ai tout digéré
On me dit le monde a changé

Qui change
Qui range
Dans ce monde en mélange
Qui change
Qui range
Dans ce monde en e'moi?

On m'a dit faut te battre
On m'a crié vas-y
On me donne une grenade
On me flanque un fusil
Une fois qu'on s'est battu beaucoup
On me dit embrassez-vous

Qui crève
Qui rêve
Dans ce monde sans trève
Qui crève
Qui rêve
Dans ce monde en émoi?

Ich bin in einem Baum geboren, /
Und der Baum, er ist gefällt worden, / Im Schwefel und Asphalt
muß ich nun weiterleben. / Meine
Wurzeln suchen unter dem Pfla-
ster / Ein bißchen feuchte Erde.

Wer bin ich, was kann ich tun / In
dieser zänkischen Welt? / Wer
bin ich, was kann ich tun / In
dieser stürmischen Welt?

Man hat mich in die Schule gebracht, / Und dort habe ich alles
gelernt / Über den Staub, der zu
dem leuchtenden Stern fliegt. /
Nun, da ich all das verdaut
habe, / Sagt man mir, daß die
Welt sich verändert hat.

Wer verändert, wer ordnet / In
diesem Durcheinander der
Welt? / Wer verändert, wer
ordnet / In dieser stürmischen
Welt?

Man hat mir gesagt: Du mußt
kämpfen, / Vorwärts, haben sie
mir zugeschrien, / Man gibt mir
eine Handgranate, / Eine Flinte
wirft man mir zu, / Und nun,
nachdem so viel gekämpft worden ist, / Sagt man mir: Umarmt
euch!

Wer verreckt, wer träumt / In
dieser rastlosen Welt? / Wer verreckt, wer träumt / In dieser stürmischen Welt?

J'ai pris la route droite
La route défendue
La route maladroite
Dans ce monde tordu
En allant tout droit tout droit tout droit
Je me suis retrouvé derrière moi

Qui erre
Qui espère
Dans ce monde mystère
Qui erre
Qui espère
Dans ce monde en émoi?

On m'a dit la famille
Les dollars les autos
On m'a dit la faucille
On m'a dit le marteau
On m'a dit on m'a dit on m'a dit
Et puis on s'est contredit

Qui pense
Qui danse
Dans cette effervescence
Qui pense
Qui danse
Dans ce monde en émoi?

Mes amours étaient bonnes
Avant que les docteurs
Me disent que deux hormones
Nous dirigent le cœur
Maintenant quand j'aime je suis content
Que ça ne vienne plus de mes sentiments

Qui aime
Qui saigne
Dans ce monde sans thème
Qui aime
Qui saigne
Dans ce monde en émoi?

Ich habe die gerade Straße einge-
schlagen, / Die verbotene Straße,
die verkehrte Straße / In dieser
verdrehten Welt. / Ich bin geradeaus, immer geradeaus gegangen, / Und am Ende war ich hinter mir selbst.

Wer irrt, wer hofft / In dieser
geheimnisvollen Welt? / Wer irrt,
wer hofft / In dieser stürmischen
Welt?

Man hat mir etwas von Familie
erzählt, / Von Dollars, von Wa-
gen, / Man hat mir etwas von
Sichel und Hammer erzählt. /
Man hat mir erzählt, erzählt, erzählt, / Und dann hat man sich
widersprochen.

Wer denkt, wer tanzt / In dieser
brodelnden Welt? / Wer denkt,
wer tanzt / In dieser stürmischen
Welt?

Meine Liebschaften waren in
Ordnung, / Bevor mir die Ärzte
sagten, / Daß zwei Hormone unser Herz steuern. / Nun liebe ich
und bin froh, / Daß dies nichts
mit meinen Gefühlen zu tun hat.

Wer liebt, wer blutet / In dieser
sinnlosen Welt? / Wer liebt, wer
blutet / In dieser stürmischen
Welt?

113

Et pourtant je me jette
Et j'aime et je me bats
Pour des mots pour des êtres
Pour cet homme qui va
Tout au fond de moi je crois je crois
Je ne sais plus au juste en quoi

Dennoch stürze ich mich hinein / Und liebe und schlage mich / Für Worte, für Menschen, / Für den Mann, der da kommt, / Im Grunde meines Herzens glaube ich, glaube ich, / Ich weiß nicht mehr recht an was.

Qui suis-je
Qu'y puis-je
Dans ce monde en litige
Qui suis-je
Qu'y puis-je
Dans ce monde en émoi?

Wer bin ich, was kann ich tun / In dieser streitenden Welt? / Wer bin ich, was kann ich tun / In dieser stürmischen Welt?

Béart assoziiert in seinen Chansons Einsteins Relativitätstheorie, er singt von Atomen und vertont den Jargon wissenschaftlicher Fachzeitschriften und der Science-fiction-Literatur. Die »Frage nach der Zukunft des Menschen« (Béart) ist in den meisten seiner Chansons gestellt – am deutlichsten in »Alphabet«, das den Erduntergang schildert, und in »Le terrien«, das Eindrücke und Gedanken eines Astronauten während einer Weltallreise wiedergibt. In »Les temps étranges« sieht Béart Menschen-Kinder mit Federn an den Armen zur Welt kommen und Menschen, die in radioaktiven Staubwolken zu rattenähnlichen Lebewesen mutieren. Seine kunstvolle Verflechtung von technischen Ausdrükken und Dichter-Worten – Kennzeichen der Béart-Chansons – stellen in »Années lumières« das dauernde Licht eines seit Jahrmilliarden strahlenden Sternes zur kläglichen Liebeskraft der Menschen in Relation:

Dans un milliard d'années-lumières
Cet amour sera-t-il éteint?
Luira-t-il une vie entière
Brillera-t-il jusqu'au matin?

In einer Milliarde Lichtjahren, / Wird diese Liebe da erloschen sein? / Wird sie ein Leben lang leuchten, / Wird sie glänzen bis zum Morgen?

Cette étoile que je regarde
Est déjà glacée aujourd'hui
Ou tient-elle encore la garde
Aux quatre temps de l'infini?

Dieser Stern, den ich betrachte, / Ist schon heute vereist, / Oder hält er noch die Wacht / An den vier Zeiten des Unendlichen?

Dans un milliard d'années-lumières
Cet amour aura dévoré
Tant de force et tant de matière
Qui ne connaîtront plus d'après.

In einer Milliarde Lichtjahren / Wird diese Liebe so viel Kraft und viel Materie verschlungen haben, / Die kein Hinterher mehr kennen werden.

Mit solchen Liedern hat sich Béart in den Ruf eines »singenden Inge-
nieurs« gebracht, eines Sängers aber auch, der die kleinen persönlichen
Probleme – häufigster Gegenstand des französischen Chansons – beisei-
te schiebt, um über Themen seiner Zeitgenossen so vielfältig wie mög-
lich reflektieren zu können, so über das Verhältnis des Menschen zu den
Massenmedien. Zwar amüsiert sich auch Béart, der in allen Räumen
seines im 18. Jahrhundert erbauten Lustschlößchens in Saint-Cloud
Stereo-Musik hören kann, über die Platitüden der illustrierten Presse
und des Fernsehens; doch sieht er keinen Grund, die Anziehungskraft
von Zeitschriften und Fernsehen zu leugnen oder gar zu verurteilen, wie
es sein Kollege Léo Ferré in der »Complainte de la télévision« tut.

Das Bild vom »modern living«, das Béart zeichnet, ist nie entmutigend
oder gar verbittert. Er hat keine Sehnsucht nach glücklichen Zeiten wie
Brassens, und er sucht schon gar nicht nach moralischen Idealen wie
Brel. »Ich habe so getan«, gesteht er in »Les pas des justes«, »als ob ich
an Wunder glauben könnte, aber es gibt keine Wunder... Ich bin
gelaufen, ich dachte, daß sich die Berge begegnen könnten wie unsere
Hände. Verdammt, es sind nur Märchen...«

Todes-Chansons sind bei Béart selten. Und wenn er schon den Tod
besingt, dann ist auch der modern:

J'ai pris la route et je conduis
Dans une boîte à travers la nuit
Dans une machine en acier
Une machine de sorcier

Ich habe mich auf den Weg gemacht / Und fahre in einer Kiste
durch die Nacht, / Mit einer Maschine aus Stahl, / Einer Zauber-
maschine.

Il y a du sable dans les freins
Un avertisseur en airain
Qui crie à chaque carrefour
A qui le tour à qui le tour

In den Bremsen ist Sand, / Das
Signalhorn aus Bronze / Tönt an
jeder Kreuzung, / Wer ist an der
Reihe, wer ist dran?

Cercueil à roulettes
Tombeau à moteur
Aussi vite que je vis je meurs

Es ist ein Sarg mit Rädern, / Motorisiertes Grab. / Ich sterbe so
schnell, wie ich lebe.

Je pars les cheveux dans le vent
Qui mais je pars les pieds devant
J'aurai plus de mal que de peur
Je porte ma planche et mes fleurs

Ich gehe ab mit wehenden Haaren, / Ich gehe, mit den Füßen
voran, / Ich werde mehr Schmerz
als Angst verspüren, / Ich trage
meine Platte und meine Blumen
selber.

Dans ce cimetière ambulant
Où la couronne est un volant

In diesem rollenden Friedhof, /
In dem der Kranz das Steuerrad
ist, /

Mon sapin est horizontal
Il tourne cet arbre en métal

Liegt meine Tanne waagerecht. / Er dreht sich, dieser Baum aus Metall.

Cercueil à roulettes
Tombeau à moteur

Sarg mit Rädern, / Motorisiertes Grab.

Je fais feu de mes quatre roues
Je creuse moi-même mon trou
Au virage en deux ou trois chocs
Je creuse mon trou dans le roc

Ich schlage Funken mit meinen Rädern, / Ich schaufele mir selber meine Grube, / In der Kurve in zwei oder drei Zusammenstößen / Grabe ich mein eigenes Grab in den Fels.

Je suis si bien dans mon auto
Renversé au flanc du coteau
Je suis déjà dans le tiroir
Et vous passerez sans me voir

Ich fühle mich so wohl in meinem Auto, / Umgestürzt, am Hang des Hügels, / Bin ich schon in der Kiste. / Ihr werdet vorbeifahren, ohne mich zu sehen.

Cercueil à roulettes
Tombeau à moteur

Sarg mit Rädern, / Motorisiertes Grab.

Je dors cette nuit au grand air
Mon souffle dans l'herbe se perd
Ma dernière étoile a pâli
Je rêve dans mon dernier lit

Ich schlafe diese Nacht im Freien, / Mein Atem verliert sich im Gras, / Mein letzter Stern ist verblaßt, / Ich träume in meinem letzten Bett.

Ces chants d'oiseaux je les entends
Je crois bien qu'il fera beau temps
Il y aura dans les chemins
Des fiancés main dans la main

Ich höre den Gesang der Vögel. / Ich glaube, daß das Wetter schön wird, / Morgen werden Verlobte / Hand in Hand auf den Wegen schlendern.

Cercueil à roulettes
Tombeau à moteur
Aussi vite que je vis je meurs.

Sarg mit Rädern, / Motorisiertes Grab. / Ich sterbe so schnell, wie ich lebe.

Viel eher als der Tod passen dem lebenszugewandten Béart der Strand und die Mädchen von Saint-Tropez. Sie sind gut gewachsen, braungebrannt, smart und à la mode, entstammen durchaus Reklameklischees – auch wenn er sie mit Ironie, witzigen Kommentaren und paradoxen Bildern besingt. Bei allem erotischen Zartgefühl sind diese Liebeslieder vielfach mehrdeutig, doppelbödig, hintergründig und voller versteckter Anspielungen. In seinem »Chandernagor« zum Beispiel, einem Lied, das Juliette Gréco beständigen Erfolg bescherte, hat Béart mit den

Namen ehemals französischer Handelsniederlassungen in Indien bestimmte weibliche Körperteile chiffriert. Wie in vielen seiner Chansons hat Béart in der Chandernagoriade den Text auf ein Schlüsselwort hin (hier: Niederlassung) zugeschrieben und schon mit dem Klang der Vokale – der Autor experimentiert damit wie kein zweiter Chansontexter – Musik gemacht.

Béarts Musik, oft Tangos und Akkordeon-Walzer, zu Gitarren- und kleiner Ensemble-Begleitung gesungen, ist statisch, präzis konstruiert und eingängig – ohne jedoch in die banalen Harmonien eines Charles Aznavour abzugleiten. Sie ist die perfekte Illustration der Béart-Maxime: »Das Chanson, dieses uralte Ding, ist eine Kunstpille, ein verlängertes Schlagwort, ein Faustschlag...«

Um ein paar dieser Kunstpillen herzustellen, braucht Béart oft ein ganzes Jahr. Zwar arbeitet er stets an 200 Chansons gleichzeitig, doch 40 schreibt er nur zu Ende, und 12 gibt er schließlich im Jahr heraus. Der Rest ist Abfall.

Seine Arbeitsmethode: Wie Brassens und Brel notiert er während seiner Zeitungs- und Buchlektüre unermüdlich ungewöhnliche Wortzusammenstellungen und Gedanken, von denen er hofft, daß sie ihn zu neuen Chansons inspirieren. Die ungewöhnlichste Wortfolge, die Béart selbst zustande brachte, war zeitweilig verboten: Es war ein Lied, das nur Vornamen aller bisherigen Begleiter von Brigitte Bardot aufzählte.

Charles Aznavour, Serge Gainsbourg

Jedesmal wenn Charles Aznavour den Mund aufmacht, widerspricht er sich. Die mächtige Stimme gehört einem schmächtigen Mann von 1,60 Meter, der wegen seiner Statur und der Zähigkeit, mit der er Karriere gemacht hat, der »Napoleon des Chansons« genannt wird. Über zwei Stunden hinweg nimmt die Stimmgewalt des Männchens nicht ab – in rosarotem Hemd und anthrazitfarbenem Jackett steht er allein auf der Bühne und singt mit dem melancholischen Gesicht eines Clowns zwei-unddreißig melancholische Lieder.

Er singt französisch, englisch, italienisch, deutsch und japanisch, und er singt seit 1942 – und zwar ununterbrochen von der Liebe. Allerdings, die ersten zehn Jahre sang er ohne Applaus.

Der 1924 in Paris geborene Aznavour – seine Eltern wanderten aus Armenien ein –, der schon als Schauspieleleve ein »Tagebuch des Chansons« geführt hatte, duettierte zunächst, nahezu unbemerkt, mit Pierre Roche. Spezialität: komische Nummern und Geräuschimitationen. Auch als Alleinunterhalter hatte Aznavour keine gute Presse. Ein Kritiker nannte »jedes seiner Chansons ein Plagiat« und den Sänger »einen gemeinen Betrüger, den man bezahlen sollte, damit er schweigt«. Die »Radiodiffusion Française« kommentierte: »Wir haben gestern Aznavour erlebt, es fehlen jetzt nur noch die Krüppel auf der Bühne.«

Doch Aznavour schwieg nicht. Er trat im »Crazy Horse« zwischen zwei Striptease-Nummern auf, er präsentierte sich in New York und Montreal – ohne Erfolg. Er schrieb für die Patachou, für Juliette Gréco, Eddie Constantine und Gilbert Bécaud gelegentlich Chansons und diente der Piaf acht Jahre lang als Chauffeur und Beleuchter. Kein Fehlschlag entmutigte ihn. Immer wieder wollte der Sänger vors Publikum, obwohl Bruno Coquatrix, der Leiter des Pariser »Olympia«, ihm bescheinigt hatte: »Mit Ihrer Stimme können Sie höchstens ein stummer Komiker werden.« Derselbe Coquatrix war es dann aber, der ihm 1955 eine Chance gab: Aznavour durfte im Vorprogramm einer Show als »Vedette américaine« sieben Chansons singen – darunter sein »Sur ma vie«, das wenig später sein erster Schallplatten-Hit wurde.

Es ist kein Zufall, daß Aznavour ungefähr zur selben Zeit reüssierte, als sich im französischen Film die »Neue Welle« bemerkbar machte (»Les amants«, 1958; »A bout de souffle«, 1959; »Jules et Jim«, 1961). Die Regisseure dieser Lichtspiele stellten die Liebe ebenso dar, wie Aznavour es im Chanson tat: als ein freizügig romantisches Verhältnis zwischen Mann und Frau, das nicht mehr durch bürgerliche Milieukonflikte belastet ist.

»Aznavour«, sagte Maurice Chevalier, »war der erste, der es wagte, die Liebe so zu besingen, wie man es bisher noch nicht vernommen hatte.« Die Franzosen, die jahrzehntelang so harmlos-dezente Liebeslieder wie »J'attendrai« und »La vie en rose« gelauscht hatten, hörten von Aznavour nun die genaue Beschreibung der »physischen Gesten der Liebe« (Chevalier) – Schilderungen, die in ihrer Drastik der gar nicht so zimperlichen Edith Piaf zunächst mißfielen: »Du bist wahnsinnig, so was kann man auf der Bühne doch nicht singen.« Doch Aznavour sang:

Après l'amour,	Nach der Liebe, / Wenn unsere
Quand nos corps se détendent,	Körper sich entspannen, / Nach
Après l'amour,	der Liebe, / Wenn wir außer
Quand nos souffles sont courts,	Atem sind, / Bleiben wir liegen, /
Nous restons étendus,	Du und ich, / Fast nackt, glück-
Toi et moi, presque nus,	lich, / Wortlos lächelnd, / Nach
Heureux sans rien dire,	der Liebe / Sind wir ein einziges
Eclairés d'un même sourire	Wesen.

Mit solchen schockierend-direkten Worten drang Aznavour mit jedem neuen Chanson – er hat mittlerweile an die 1000 getextet und komponiert – in die Intimsphäre seiner Hörer ein: Realistisch und immer in Moll gibt er seiner amourösen Verzweiflung Ausdruck. Sie ist das wichtigste Merkmal der Kunst Aznavours. Der zweimal geschiedene Ehemann beklagt die Entzauberung des Beisammenseins. Der Erfolg von »Du läßt dich gehn« ermunterte ihn zu einer ganzen Serie von Keif- und Zeter-Songs. Tatsächlich ist der Ehekrach, in Töne gesetzt, Aznavours beste Lebensversicherung.

Er singt vom blonden, begehrenswerten Mädchen (»Lucie«), von der Liebeslust (»Quand tu viens chez moi, mon cœur«), vom Erwachen nach der Liebesnacht (»L'amour à fleur de cœur«), von der Eifersucht (»Je veux te dire adieu«), und selbst an Geburtswehen läßt er sein Publikum im Foxtrott-Takt teilnehmen:

Ce jour tant attendu	Dieser mit Sehnsucht erwartete
S'était levé pour nous,	Tag / Ist angebrochen. / Du liegst,
Tu étais étendue,	/ Ich bin wie verrückt... / Zwei
Moi, j'étais comme fou...	Herzen schlagen in dir / Im sel-
Deux cœurs battaient en toi	ben Rhythmus wie mein Herz, /
Au rythme de mon cœur	Und man spürt so viel Freude / In
Et y'avait tant de joie	deinen Schmerzensschreien... /
Dans tes cris de douleur...	Unsere Liebe beginnt zu leben /
Notre amour prenait corps	

Par ton corps torturé,
Et rien n'était plus fort
Que l'instant qu'on vivait...
Ce dont nous avions peur
Nous unissait bien plus
Que le plus grand bonheur
Ce jour tant attendu...

Ce jour tant attendu
S'était levé enfin,
J'étais comme perdu,
Mais je ne pouvais rien...
Rien pour toi qui souffrais,
Luttais contre le temps...
Rien pour toi qui criais
Tout en te débattant...
Tes yeux cherchaient mes yeux
Qui regardaient les tiens
Et tes ongles furieux
Se plantaient dans mes mains
Annonçant le bonheur
Pour deux êtres éperdus,
Naissait dans la douleur
Ce jour tant attendu...

Et ton corps déchiré·
Soudain s'est apaisé
En mettant au grand jour
Le fruit de notre amour.

In deinem gequälten Körper, / Nichts ist stärker als der Augenblick, / Den wir gerade erleben... / Was wir befürchten, / Bringt uns einander näher / Als das größte Glück.

Dieser mit Sehnsucht erwartete Tag / Ist endlich da. / Ich bin wie verloren, / Aber ich kann nichts tun / Für dich, die sich quält, / Die gegen die Zeit kämpft, / Schreit und / Sich wälzt... / Deine Augen suchen meine, / Die dich anstarren, / Und deine Nägel / Krallen sich in meine Hände. / Sie verkündigen das Glück / Für zwei Menschen, ganz von Sinnen, / Im Schmerz brach dieser / Mit Sehnsucht erwartete Tag an...

Und dein geschundener Leib / Entspannt sich / Und bringt die Frucht unserer Liebe zur Welt.

Als Aznavour mit seinen Tristesse-Chansons zu erstem Ruhm gekommen war, fragte Jean Cocteau nach »den Mitteln, mit denen es dem Sänger gelungen ist, die unglückliche Liebe sympathisch zu machen«. Cocteau: »Vor ihm war die Verzweiflung nicht volkstümlich.« Diesen Gefühlswandel hat Aznavour vor allem seiner unerhört sinnlichen und dramatischen Stimme zuzuschreiben, mit der er seine Liebesempfindungen für die Masse erst glaubhaft macht. Das »scheinbar ständig vom Erlöschen bedrohte Organ« (Aznavour-Biograph Yves Salgues) ist das der Aznavour-Poesie einzig angemessene – und unnachahmliche – Ausdrucksmittel. Stimmenimitator Sammy Davis: »So kann nur einer singen: Aznavour.« Die brüchige Alkovenstimme, die jahrelang niemand hören wollte, gilt der »Times« als das größte stimmliche Ereignis der modernen Zeit; sie ist heute bei der Londoner Lloyd's so hoch versichert wie die Augen Elizabeth Taylors und die Hände des Toreros Dominguin.

Doch Aznavour kann sein Publikum von der Echtheit seines Liebeslebens auch überzeugen, weil er sich als Interpret vollkommen mit seinen – meist selbst erlebten – Romanzen identifiziert und mit seinem grauen, alterslosen Gesicht selbst aussieht wie einer der »Geschlagenen« seiner Chansons. In dieser Rolle haben ihn auch die Filmregisseure eingesetzt. Sowohl in Truffauts »Schießen Sie auf den Pianisten« wie im »Taxi nach Tobruk« und »Jenseits des Rheins« spielt er den vom Schicksal benachteiligten, guten Kerl. Insgesamt hat Aznavour, als Darsteller mehrfach preisgekrönt, in rund 20 Filmen mitgewirkt, mindestens zu zehn hat er die Musik komponiert. Sie bietet – wie bei seinen Chansons – einen auf Jazzrhythmen aufgebauten, raffinierten Sound.

Bei der Instrumentierung seiner Melodien läßt sich Aznavour von einem Team qualifizierter Musiker beraten; die fertige Partitur der Begleitmusik wird, zumindest bei Schallplattenaufnahmen, von einem 50-Mann-Orchester gespielt. (Von jedem Chanson, das Aznavour herausbringt, wird eine Erstauflage von 100 000 Single-Platten gepreßt, Noten und Text werden gleichzeitig in etwa 17 000 Musikalienhandlungen angeboten.)

Sein packender Vortrag – de Gaulle: »Er hat eine Ausstrahlung, um die ich ihn beneide« – kann die Dürftigkeit und gelegentliche Albernheit seines Repertoires nicht vertuschen. Doch gerade mit den sentimentalen Zeilen wie »Ich habe mein Leben in der kalten Tiefe der Erde gelassen, um dank meiner Gebete den Weg in die Ewigkeit zu finden« hat Aznavour, der 1965 auch eine wenig beachtete Operette mit dem Titel »Monsieur Carnaval« komponierte, sein großes Geschäft gemacht.

Der Millionär mit Rolls-Royce und einigen Landgütern hat einen weitverzweigten Musikalien-Trust gegründet: Er besitzt eigene Verlagshäuser, unterhält eine Tournee-Organisation und eine Show-Produktion. Dieser Erlös erlaubte es dem »kleinen Charles« 1965, sein Gastspiel am Broadway mit einer Werbung vorzubereiten, die anderthalb Millionen Mark kostete. Eine noch größere Summe investierte er, als er ein Jahr zuvor eine Tournee durch 35 Länder unternahm. Aznavour will noch mehr: Er »möchte alles in Besitz nehmen, den Körper, den Geist, die Poesie, die Musik, das Publikum – die ganze Welt«.

Mit Reichtum und Publicity will der Selfmademann, der nicht vergessen kann, daß er jahrelang übergangen wurde, für Demütigungen und Mißerfolge heimzahlen. »Das Geld«, so wenigstens sagt er, »interessiert mich nicht. Ich will die Macht des Geldes.« Seinen Willen zur Macht hat er selbstverständlich in einem Chanson dokumentiert:

Je m' voyais déjà en haut de l'affiche
En dix fois plus gros que n'importe qui
    mon nom s'étalait
Je m' voyais déjà adulé et riche

Ich sah meinen Namen in Riesenlettern / Auf den Plakaten stehen, / Ich sah mich reich und umjubelt, /

Signant mes photos aux admirateurs
    qui se bousculaient
J'étais le plus grand des grand fantai-
    sistes.

Von Autogrammjägern um-
drängt. / Ich war der Größte unter den Show-Größen.

Die moderne Liebe hat nicht nur ihren lyrischen Muezzin Charles Aznavour. Sie hat auch ihren Karikaturisten: Serge Gainsbourg. Im Jargon der Café-Society, halb englisch, halb französisch, skizziert der alerte Auteur-Interprète das Paris der Drugstores und der Lolitas, der »Puppen mit schmachtendem Blick, die man vor Gebrauch schütteln muß«, der älteren Herren, die »Geld für zwei haben«, der Nachtlokale, »wo man mit leerem Kopf und vollen Händen« tanzt. Alles, was sich Gainsbourg für seine Chansons vornimmt, ist »unecht, brutal und übereilt, wie eben das aktuelle Paris« (Rioux). So ist der erotisch-ironische Autor ein entfernter geistiger Verwandter der Sagan. Mit Zynismus verhöhnt er die große Welt:

Ah, baiser la main d'une femme du monde
Et m'écorcher les lèvres à ses diamants
Puis dans la Jaguar
Brûler son léopard avec une cigarette
    anglaise ...
Et s'envoyer des »drys« au »Gordons'«
Et des »Fizz number one«
Avant que d'aller chez »Maxim's« ...

Ach, könnt ich die Hand einer Frau von Welt küssen, / Und mir die Lippen an ihren Diamanten wund reiben, / Im Jaguar ihren Leopardenmantel mit einer englischen Zigarette versengen, / Und bevor wir zu »Maxim's« gehen, / »Drys« im »Gordons« kippen und »Fizz number one« ...

Gainsbourg, der seit etwa 1958 schreibt und komponiert – er war früher Maler, Graphiker und Barpianist –, fand jahrelang nur bei einem kleinen Kreis von Fachleuten Anklang. Seine Chansons waren zu experimentell, um populär zu sein. Seine Musik sprach nur diejenigen an, die mit dem Cool Jazz vertraut waren: Gainsbourg singt nicht nur auf moderne Jazz-Rhythmen, er läßt zwischen zwei Sätzen seiner Chansons auch noch genügend Platz für Instrumentalsoli, für Schlagzeug- oder Kontrabaß-Improvisationen. Nicht weniger neu als seine Harmonien sind seine Texte, die nicht mehr wie bei Aznavour aus dem Reimlexikon stammen. Mit einer Mischung aus Amerikanismen, Pariser Argot und Slogans vom Duft der großen weiten Welt karikiert er die Sprachregelung des Jet-set:

Où est ma petite amie?
Elle est dans mon Rolleiflex
Dois-je la foutre aux orties?
Je revois la petite chérie
Posant pour mon Rolleiflex
Un p'tit machin en lastex
Lui donnait de l'esprit ...

Wo ist meine Kleine? / Sie ist in meiner Rolleiflex / Soll ich sie in die Nesseln werfen? / Ich seh' die Kleine / Wie sie für meine Rolleiflex posiert / Mit ihrem kleinen Ding aus Lastex / Das ihr soviel Pfiff gibt ...

Als sein eigener Interpret hat Gainsbourg, trotz seiner heiseren, dekadenten Stimme, bisher nur bescheidenen Erfolg gehabt. Er macht seine »Visage« dafür verantwortlich, die das Publikum angeblich abstößt, weil »an den Ohren nur noch die Pompons fehlen, dann würde ich aussehen wie der Esel in der Fabel«.

»Tatsächlich«, schreibt Rioux, »muß man sich an seine seltsame Gestalt, an sein seltsames Gesicht erst gewöhnen, bevor man seine Chansons genießt. Er ist ein Pierrot lunaire, mager, bös, mit kalten, nervösen, aber ausdrucksvollen Händen. Sein Blick ist unruhig, durchbohrend gefährlich, seine Nase spitz. Er beißt sich ständig auf die Lippen. Gainsbourg stört, verstört die Mitmenschen. Wo er hinkommt, wird er angestarrt.«

Gainsbourg, von der fixen Idee seiner Häßlichkeit besessen, wurde der größte Frauenverächter des französischen Chansons. In seinen Liedern gibt er sich als grimassenschneidender Weiberfeind: »Du bist der Stein, ich bin das Efeu, ich fasse Wurzel bei dir, aber du bröckelst ab, wenn ich mich an dir festsauge.«

In den Gainsbourg-Chansons tritt die Frau stets als parfümierter Luxusartikel auf, mit dem nicht zu reden ist; sie suggeriert nur dekadente Erotik.

Allerdings, im Alkoholrausch oder Marihuana-Dusel kehrt ihm das mißachtete Weibchen neben »rosaroten Elefanten« und »Spinnen auf dem Smoking« als ersehntes Hand-Werk wieder: »Wenn meine Hände nicht auf dir liegen, weiß ich nicht, was ich mit ihnen anfangen soll.« Letzte Zuflucht ist ihm der »Revolver, der schöne Augen macht«.

Auf Gainsbourgs originelle Texte und Töne hatte noch Boris Vian, der sich seiner Experimentierfreudigkeit verwandt fühlte, in Zeitschriften hingewiesen. Mit Erfolg: Gainsbourg bekam Aufträge für Filmmusiken (»Stripteasc«), Aufträge von Interpreten wie Juliette Gréco, den Frères Jacques, Patachou und Michèle Arnaud. Doch erst als Gainsbourg sein Gespür für modische Themen dem Teenager-Idol France Gall zur Verfügung stellte, die mit seinem Schlager »Poupée de cire – Poupée de son« 1965 den »Grand Prix Eurovision« ersang, interessierte sich ein breiteres Publikum für den Autor und Platten-Sänger Gainsbourg. Mit der Schallplatte »Qui est in et qui est out?« war Gainsbourg »in«. Das französische Fernsehen suchte bei ihm um ein Musical nach; Jean-Claude Brialy, die singenden Filmschauspielerinnen Brigitte Bardot, Mireille Darc und Elsa Martinelli wurden seine Kunden.

»In meinem Alter«, sagt Gainsbourg (Jahrgang 1928), »kann man nicht mehr für eine Minorität arbeiten.« Er behielt recht: Sein Lust-Lied »Je t'aime« von seiner zeitweiligen Lebensgefährtin Jane Birkin dahergestöhnt, ging um die Welt.

Edith Piaf, Yves Montand, Juliette Gréco

Im heutigen Frankreich sind die Chansonsänger mehr denn je ihre eigenen Texter und Komponisten. Nichts ist wichtiger für den Erfolg eines Sängers, der ja meist ein musikalischer Dilettant ohne ausgebildete Stimme ist, als die Geschicklichkeit, Texte und Melodien zu finden, die seinem Wesen entsprechen. Deshalb suchen die wenigen berühmten Nur-Interpreten oft jahrelang nach dem Autor, der die ihnen gemäßen Texte und Musiken verfaßt. Charles Aznavour würde als sozialkritischer Protestsänger à la Ferré vom Publikum ausgelacht werden, eine Edith Piaf, die intellektuelle Lyrik nach Art der Gréco vorgetragen hätte, nicht minder.

Das Sujet der Edith Piaf (1915 bis 1963) war die Scheinwelt der Groschenromane. 30 Jahre lang variierte sie mit Sentiment und Schlagerschmelz unermüdlich das Thema Nummer eins: die Liebe, und zwar die unglückliche, die Einsamkeit der Verlassenen, das vergebliche Warten und die Hoffnung auf eine neue, schönere Liebschaft.

Schönstes Beispiel ist eines ihrer früheren Chansons, das 1937 von Raymond Asso geschriebene »Mon légionnaire«:

Il avait des grands yeux très clairs
Où parfois passaient des éclairs
Comme au ciel passent les orages.
Il était plein de tatouages
Que j'ai jamais très bien compris,
Son cou portait: »Pas vu, pas pris«,
Sur son cœur on lisait: »Personne«
Sur son bras droit un mot: »Raisonne«.
J'sais pas son nom, je n'sais rien d'lui,
Il m'a aimée toute la nuit
Mon légionnaire
Et me laissant à mon destin
Il est parti dans le matin
Plein de lumière
Il était mince, il était beau,

Er hatte große helle Augen, / In denen manchmal Blitze zuckten, / Wie Gewitter, die am Himmel vorbeiziehen. / Sein Körper war voller Tätowierungen, die ich nie richtig verstanden habe. / Auf dem Hals stand: »Nicht gesehen, nicht genommen«, / Auf seinem Herzen las man: »Niemand«, / Auf seinem rechten Arm das Wort: »Überlege«. / Ich kenne seinen Namen nicht, ich weiß nichts von ihm, / Er hat mich die ganze Nacht geliebt, / Mein Legionär, / Dann überließ er mich meinem Schicksal / Und ging in den strahlenden Morgen. / Er war schlank, er war schön, /

Il sentait bon le sable chaud
Mon légionnaire
Y'avait du soleil sur son front
Qui mettait dans ses cheveux blonds
De la lumière

Er duftete nach warmem Sand, / Mein Legionär. / Es war Sonne auf seiner Stirn, / Die brachte Licht in seine blonden Haare.

Mit solchen rührseligen Zeilen, stets von schlagerhafter Musik begleitet, setzte sich die »Tragödin des Chansons« über jede neue Mode hinweg. Sie nahm keine Notiz vom Jazz und ignorierte Impulse, die das Chanson von der intellektuellen Saint-Germain-Generation nach dem Kriege bekam – zur Freude ihres Publikums. Im Gegensatz zu den Sängerinnen Damia und Marie Dubas, die vor der Piaf mit ähnlich melodramatischen und banalen Liebesliedern nur vorübergehend Anklang gefunden hatten, blieb die Piaf, solange sie sang, auf dem Gipfel des Ruhms. Das verdankte sie freilich in erster Linie ihrer gewaltigen, intensiven Stimme, die auch ohne Mikrophon jede noch so große Halle füllte. Es war ein Organ, das »aus den Eingeweiden« kam (Cocteau) und klang, als habe die Piaf für die Dauer eines Chansons alle Menschen-Misere auf sich genommen, um sie auszusingen: »Meine Stimme singt nicht allein, eine Menge anderer Stimmen singen mit mir. Die Stimme eines neuen Kummers, die Stimme eines Kindes, das geschlagen wird, die Stimme eines Vogels, der erfriert...«

Instinktiv fand Edith Piaf auch die Gesten und den Habitus, die ihrem Dauer-Leid angemessen waren. »Sie sieht so aus«, beobachtete der Journalist Georges Ricou, »als ob sie von der Last des Schicksals zermalmt wäre. Sie trägt Schwarz, die Farbe der Trauer, ihr Gesicht unter den roten Haaren ist leichenblaß. Die Klage ihrer schluchzenden Stimme wird durch knappe, armselige kleine Gesten der Verzweiflung unterstrichen. Sie ist die mitleiderregende Verkörperung der Verworfenen. Mit dem gebeugten, unbeweglichen Kopf sieht sie aus wie der Gekreuzigte.« Die Bilderbogenwelt der Akkordeonspieler und Fremdenlegionäre, der Zuhälter und entgegenkommenden Mädchen, der großen Gefühle und der schweren Schicksalsschläge war ihre eigene Biographie. Sie beginnt wie eine ihrer Moritaten.

Edith Gassion, Tochter eines Jahrmarktakrobaten und einer unbegabten Chansonsängerin, kam unter einer Straßenlaterne zur Welt, ihr erstes Kleid war der Mantel eines Polizisten, der als Geburtshelfer beigesprungen war. Die Eltern gaben das Kind alsbald bei der Großmutter ab, die ein Bordell in der Normandie leitete, und holten es erst wieder, als Edith mitverdienen konnte. Während der Vater seine akrobatischen Kunststücke vorführte, mußte sie auf den Caféterrassen die Sous einsammeln. Mit 16 bereits heiratete sie, knapp vor der Ankunft eines Babys. Als das Kind starb, ging die Piaf auf die Straße, um sich das

Geld für die Beerdigung zu verdienen. Schließlich wurde sie von Louis Leplée, dem Besitzer eines eleganten Nachtlokals, aufgelesen – in seinem Etablissement durfte sie zum erstenmal auftreten. Doch als Leplée sechs Monate später ermordet wurde, hatte Edith Piaf kein Alibi. Sie wurde von der Polizei in die Liste der Verdächtigen aufgenommen und erhielt lange keine Engagements mehr. Auch nachdem der Fall Leplée längst vergessen und Edith Piaf 1937 im »Théâtre de l'ABC« – mit Chansons von Raymond Asso – der Durchbruch gelungen war, hatte die bunte Presse noch genügend über sie zu schreiben. Ihre zahlreichen lauten Liebesaffären, ihre Ehen, ihre Alkohol- und Morphiumexzesse machten Schlagzeilen, an ihren Entziehungskuren und spiritistischen Sitzungen ließ sie die Öffentlichkeit teilnehmen.

Das intensive Leben, das die Piaf führte, war ihrer künstlerischen Persönlichkeit indes durchaus förderlich. Ihre Interpretation gewann an Tiefe, die schönsten Schnulzen klangen in ihrem Munde glaubhaft – sie hatte sie ja tatsächlich selbst erlebt. Keine ernst zu nehmende Interpretin traute sich deshalb zu, die Piaf-Chansons nachzusingen – die Piaf-Imitatorin Mireille Mathieu verfügt zwar über ein ähnlich kräftiges Organ wie der »Spatz von Paris«, von der künstlerischen Ausstrahlungskraft ihres Vorbildes fehlt der Mathieu jedoch jede Spur.

Die eminente Darstellungskunst, die sich die Piaf nach und nach angeeignet hatte, brachte die Sängerin unermüdlich auch anderen Chansonsängern bei. Als Talententdeckerin par excellence war sie so manchem Anfänger behilflich, das richtige Fach zu finden und auf eine Bühne zu kommen. So lancierte sie 1947 die neun »Compagnons de la Chanson«, als sie mit ihnen eine Tournee lang gemeinsam auftrat; 1949 verhalf sie Aznavour zu erstem Erfolg, als sie ihn – sie hatte ihm zuvor eine Schönheitsoperation verordnet – mit auf die Bühne nahm; auch der Karriere von Yves Montand bereitete sie den Weg.

Montand, 1921 als Yvo Livi in Italien geboren, hatte in Marseille Chevalier und Trenet imitiert, bevor er 1944 nach Paris floh, um der Arbeitsverpflichtung durch die deutschen Besatzungstruppen zu entgehen. Und hier spezialisierte er sich auf Cowboylieder, wie sie viele Sänger aus Begeisterung über die nahen amerikanischen Befreier in ihr Repertoire nahmen. Die Pferdeopern-Arien paßten absolut nicht zu Montands weicher Stimme; er fand bei den Zuhörern nur geringe Resonanz. Auch für Edith Piaf, die Montand in einem »Moulin Rouge«-Programm kennengelernt hatte, war er nur »einer jener kleinen Künstler ohne Zukunft, die in Paris 1944 auftauchten, schlecht sangen, schlecht tanzten und keinen Rhythmus hatten«. Die Piaf gab ihm deshalb – wie sich Montand erinnert – den Rat: »Hören Sie auf, vom Wilden Westen zu singen, dann kann vielleicht doch noch etwas aus Ihnen werden.«

Montand, ehemals Barmann, Tellerwäscher und Friseur, gehorchte, nahm Ballettunterricht und ging zur Piaf in die Schule. Sie brachte dem Autodidakten neben dem Gestenspiel vor allem eine präzise Artikulation bei. Stundenlang mußte er Rimbaud-Verse aufsagen, tagelang mit einem Bleistift im Mund singen, »damit ich den südlichen Akzent verliere« (Montand). Akzentfrei, schwungvoll und naiv sang er etwa ein Jahr später erstmals vor Publikum aus seinem neuen Repertoire. In dunkelbrauner Hose, dunkelbraunem Hemd mit offenem Kragen – seinem künftigen Bühnenhabit – trat er im Oktober 1945 im Pariser »Théâtre de L'Etoile« auf. Mit sparsamer Mimik, kunstvoller Untertreibung und Belcanto-Effekt erzählte der einst vor den Faschisten aus seiner italienischen Heimat geflohene Montand von den »kleinen Freuden des Daseins«. Und er sang fortan Lieder von Jahrmärkten und Spaziergängen auf den Pariser Boulevards, er sang vom Vergnügen, in einer Hängematte zu liegen und eine Zigarre zu rauchen; vor allem aber verherrlichte er mit optimistisch-lyrischen Chansons die Welt der Arbeiter.

Der Arbeiter nämlich war im Frankreich der ersten Nachkriegsjahre der Held der Szene – freilich nicht mehr der rebellierende, um Mitbestimmung und sozialen Aufstieg kämpfende Werktätige der 20er Jahre. Es war der selbstbewußte Arbeiter aus der Résistance, der sich jetzt, trotz aller ökonomischen Schwierigkeiten, von der eben etablierten Vierten Republik den Sieg eines humanen, demokratischen Sozialismus erhoffte.

Diesen angeblich so fröhlichen Arbeiter, der angeblich so naiv ins Leben verliebt ist, besang Montand »mit der Überzeugung des Partisanen und der menschlichen Wärme des Kumpels« (Rioux) – und er stellte ihn so auch dar. In dem nach einem Buch von Marcel Carné und Jacques Prévert gedrehten Film »Les Portes de la Nuit« spielte Montand einen Arbeiter mit Herz, der allerdings schon wieder gegen ein neu etabliertes Großbürgertum kämpfen muß – gegen jene Klasse, die sich während des Krieges mit ihrem Vichy-Engagement korrumpiert hatte.

Der Film mißlang zwar, nicht zuletzt, weil Montand noch keinerlei Erfahrung vor der Kamera hatte; die Zusammenarbeit mit Prévert jedoch, der zur Musik von Joseph Kosma zwei Chansons für diesen Film geschrieben hatte – »Les feuilles mortes« und »Les enfants qui s'aiment« –, setzte er fort. Denn in der Poesie des Surrealisten Prévert glaubte Montand jene »pastellfarbene Stimmung« entdeckt zu haben, die seinem Timbre am angemessensten schien. Als er dann Francis Lemarque, einem engagierten Auteur-Interprète aus Saint-Germain, begegnete, war er von dessen antimilitaristischem Repertoire nicht minder begeistert – Lemarque mußte ihm fortan politische Songs schreiben. Und wie Lemarque bekannte sich auch Montand zum Kommunismus.

Quand un soldat s'en va-t-en guerre il a
Des tas d'chansons et des fleurs sous
  ses pas
Quand un soldat revient de guerre il a
Simplement eu d'la veine et puis voilà.

Wenn ein Soldat in den Krieg zieht, / Findet er Chansons und Blumen haufenweise unter seinen Füßen. / Wenn ein Soldat vom Krieg heimkehrt, / Hat er einfach Glück gehabt, das ist es.

Montand war auch der beste Interpret des antifaschistischen »Chant de la libération« von Joseph Kessel.

Ami, entends-tu le vol noir des cor-
  beaux sur nos plaines,
Ami, entends-tu ces cris sourds du pays
  qu'on enchaîne.
Ohé, partisans, ouvriers et paysans,
  c'est l'alarme,
Ce soir, l'ennemi connaîtra le prix du
  sang et des larmes.
Montez de la mine,
Descendez des collines,
Camarades
Sortez de la paille
Les fusils, la mitraille,
Les grenades,
Ohé, les tueurs
A la balle et au couteau,
Tuez vite,
Ohé, saboteur,
Attention à ton fardeau
Dynamite.

Freund, hörst du den schwarzen Flug der Raben über unserm Land? / Hörst du den Ruf der Länder, die man in Ketten legte? / Es gibt Länder, in denen Leute nachts / In ihrem Bett noch träumen. Und hier marschiert / Man, tötet, stirbt. / Der Haß zieht uns, schiebt. / Heraus! Kommt von den Bergen, holt Gewehre! / Sense aus dem Stroh! / Wir wollen für die andern diese Kerker brechen.

Als Montand jedoch von einem Gastspiel aus der Sowjetunion heim-
kehrte, distanzierte er sich wieder von den Kommunisten und hielt in
Zukunft die Politik aus seinen One-man-shows heraus. In diesen Shows,
zu denen er sich höchstens alle vier Jahre bereit findet, vollbringt er
wahre Akrobatenstücke. Er schüttelt sich, dreht sich, reckt sich, macht
den Rücken krumm, geht auf den Händen – und das alles mit einer
unglaublichen Leichtigkeit. Sie ist das Ergebnis von 20 Jahren täglichem
Training.
Die Show ist auch musikalisch so perfekt, so gut durchdacht, daß die
Interpretation beträchtlich an Spontaneität eingebüßt hat und die Dar-
bietung nicht nur den Kritikern zu steril wirkt. Dazu kommt, daß auch
»der größte Erfolg mit diesen One-man-shows nicht mehr die Bedeu-

tung haben kann wie einst. Auf seine Art war Montand der Zeuge einer bestimmten Zeit. Die Generation, die er vertritt, ist jedoch älter geworden und hat sich gewaltig verändert« (Rioux).

Wohl aus diesem Grunde wandte sich Montand, der einst in Clouzots Film »Lohn der Angst« als Desperado einen Lkw mit Nitroglyzerin übers Gebirge fuhr und danach verschiedene Musik-Komödien mit Marilyn Monroe (»Let's make Love«) und Shirley MacLaine drehte, immer mehr dem Kino zu. Die Spontaneität, die man in seinem Gesang vermißt – auf der Leinwand hat sie ihm zu einem seiner größten Erfolge verholfen. Seine »wirklichkeitsnahe Darstellung« eines spanischen Partisanen wurde mehrfach preisgekrönt: »Der Krieg ist vorbei.«

Doch nach 54 Kinofilmen – darunter so berühmten wie »Z« und »Der unsichtbare Aufstand« – entschloß sich Montand »wieder einmal einen neuen Lebensabschnitt zu beginnen«. Er gab zunächst einmal das Rauchen und das wöchentliche Pokerspiel auf und ging nach dem Mittagessen – notgedrungen meist Hähnchenlebersalat und frische Ananas – eine Stunde spazieren. Bald hatte er damit »die Form erreicht, die ich brauchte, um auf einer Bühne gehen und stehen zu können.«

An seinem 60. Geburtstag im Oktober 1981 stand er nach 13jähriger Pause wieder als Entertainer auf der Bühne des Olympia. Montand, nie um eine Erklärung seines oft widersprüchlichen Handelns verlegen, sagte: »Ich wollte wieder mein eigener Chef sein, und das kann ich nur als Alleinunterhalter.«

Für den 100 Minuten dauernden Auftritt, perfekt wie eh, den »Le Monde« im Kalender als *das* kulturelle Ereignis des Jahres anstrich, hatte Montand sein altes Repertoire zeitgemäß aufgeputzt – neue Orchesterarrangements – und mit einer Reihe neuer Chansons angereichert, die er als seine Lebensphilosophie vorstellte und die Jacques Prévert ihm vorgedacht hat:

Wider Willen eingespannt in die Gedankenfabrik,
habe ich die Kontrolluhr nicht gestempelt.
Als Rekrut des Gedankenheeres
bin ich desertiert.
Große Dinge habe ich nie begriffen.
Niemals gibt es große Dinge.
Auch kleine nicht.
Es gibt aber etwas anderes:
Ich liebe den, der mir gefällt
Und das, was ich tue.

Eine Doppelkarriere, wie sie Montand gemacht hat, eine Karriere mit Schauspiel und Gesang, war lange Zeit auch der Wunsch von Juliette

Gréco gewesen. Doch ihre Auftritte im Film (»Die Wurzeln des Himmels«, »Die schwarze Lorelei«, »Die nackte Erde«) und auf dem Theater (so im Sagan-Stück »Ein Schloß in Schweden«) waren stets »grandiose Mißerfolge«. Anders als ihre zeitweiligen Ehemänner, die exzellenten Schauspieler Philippe Lemaire und Michel Piccoli, konnte die Gréco immer nur sich selbst darstellen. Mangels Engagement war sie schließlich gezwungen, sich ganz aufs Chanson zu verlegen.

Die heute im Ausland als Verkörperung des französischen Chansons gefeierte Sängerin, die etwa seit Ende des Zweiten Weltkrieges mal melancholisch, mal zynisch all das lobt, was Bürger hassen, nuanciert in einer von Jahr zu Jahr härter und kühler werdenden Diktion vorwiegend Strophen von der Freiheit, von der Liebe und vom Genuß des Augenblicks. Mit Distanz, Tristesse, mit Hohn und vielen Posen besingt sie vorzugsweise ausgefallene Begebenheiten: einen Liebesakt, der von den Klängen einer Militärkapelle gestört wird (»La musique«), die Trauer einer Prostituierten, nachdem die Bordelle geschlossen worden sind (»Nos chères maisons«), den Stolz einer Frau, die ihre Abenteuer aufzählt (»Je suis bien«). Sie gibt die Gedanken einer Striptease-Tänzerin wieder, während sie sich entkleidet (»Strip-tease«), sie verspürt den Wunsch, alt zu werden, »damit die Männer etwas anderes an ihr lieben als nur ihren Popo« (»Vieille«).

Ihre snobistisch-intellektuelle Interpretation skeptischer Lieder war typisch für die Empfindungen der jungen Nachkriegsgeneration, die alle Frechheiten für sich beanspruchte und jede moralische wie intellektuelle Unbequemlichkeit dem bequemen Respekt vor der Tradition vorzog. Die Gréco-Gesänge in der Ära von Saint-Germain-des-Prés waren lyrische oder satirische Explosionen einer Jugend, die jahrelang gefesselt war.

Als die 1927 geborene Juliette Gréco mit 15 Jahren von Bergerac bei Bordeaux nach Paris kam, hatte auch sie schlechte Erfahrungen mit Elternhaus, Besatzungsmacht und Résistance gemacht. »Meine Mutter«, erzählt die Sängerin in ihren mit 30 geschriebenen Memoiren, »war niemals eine richtige Mutter zu mir. Sie war ihr ganzes Leben lang Soldat. An ihrer Brust hingen unzählige Auszeichnungen und Medaillen der französischen Widerstandskämpferin... Sie war eine Frau, die man zwar achten mußte, aber nicht lieben konnte. Ich habe deshalb niemals eine richtige Familie gehabt.«

Mit der Maquis-Mutter war Juliette Gréco 1944 von deutschen Feldgendarmen arretiert worden. Als sie nach zwei Wochen Haft allein die Zelle 322 des Gefängnisses in Fresnes wieder verließ – die Mutter wurde in ein deutsches KZ deportiert –, tauchte die Gréco in einer Studentenpension unter, öffentlicher Nächstenliebe ausgesetzt. Denn arbeiten mochte

Juliette nicht. Sie wollte Tragödin werden. Noch während des Krieges bekam sie in Claudels »Seidenem Schuh« ihre erste stumme Rolle. Später, als weitere Theater-Engagements ausblieben, rezitierte die Gréco im Rundfunk Poesie und versuchte es mit dem Film – ohne jeden Erfolg.

Berühmt wurde sie dennoch – und dies lange bevor sie zu singen begann: Die Wochenzeitung »Samedi-Soir« nämlich stellte die Gréco (zusammen mit dem damals ebenfalls noch unbekannten Roger Vadim) auf der Titelseite als Protoyp jener »Existentialisten« vor, die »in Erwartung des atomaren Weltuntergangs in den Kellern hausen, tanzen, trinken und lieben«. Das Wochenend-Journal hatte das ungekämmte, mit schwarzer Hose und schwarzer Jacke bekleidete Mädchen beim Verlassen des Kellerlokals »Le Tabou« photographieren lassen – jenem Ort, der nach Meinung der Zeitung der »Mund zur Hölle« war.

Der Artikel hatte schwerwiegende Folgen: Der Existenzphilosoph Jean-Paul Sartre, der bisweilen auch im »Tabou« saß, galt fortan als Schutzheiliger dieser gammelnden »Existentialisten«, dieser angeblich pessimistischen, auf jeden Fall arbeitsscheuen Jugend. An diesem falschen Bild hat Juliette Gréco, »die Muse der Existentialisten«, zu ihrem eigenen Besten kräftig mitgemalt. Dank »Samedi-Soir« wurde das »Tabou« über Nacht zur Attraktion links der Seine. Die Pariser, Spießer zumeist, wollten nun auch die »ungewaschenen Ungeheuer« aus der Nähe sehen. »Die Gréco«, schreibt der Journalist Hanoteau, »wurde zum Inbegriff des Bürgerschrecks. Sie war ein Star, aber ein Star von nichts. Die Menschen erkannten sie auf der Straße, baten um Autogramme oder beschimpften sie wegen ihrer Mähne oder ihrer goldenen Sandalen.«

Als die Gréco überlegte, was sie mit dem unverhofften Ruhm beginnen könne, ermunterten sie Freunde zum Singen. Doch keines der Chansons, die sie kannte, war nach ihrem Geschmack. So ließ sie sich schließlich von Sartre beraten, der ihr drei Texte aus seiner Bibliothek mitbrachte, mit denen sie – die Musik dazu machte Joseph Kosma – dann auch debütierte: »La rue des blancs-manteaux« stammte von Sartre selbst – er hatte das Gedicht einst für sein Stück »Huis clos« geschrieben, »L'éternel féminin« war von Jules Laforgue und »Si tu t'imagines« von Raymond Queneau, dem späteren Autor von »Zazie in der Metro«. Das Queneau-Chanson, das Juliette Gréco zunächst im berühmtesten Saint-Germain-Lokal, in der »Rose Rouge«, vortrug, später auch im Rundfunk zum besten gab, wurde ihr erster Gesangs-Hit – ein Skandalerfolg. Die Kritiker nahmen an der etwas verwahrlosten jungen Dame Anstoß, ihre Stimme (»nichts vorhanden«) und ihre Diktion (»nur Gegurgel«) und ihr Repertoire klangen ihnen einfach verboten.

Si tu t'imagines, fillette, fillette,
Xava, xava, xa
Va durer toujours
La saison des z-a,
Saison des amours, ce que tu te goures,
Fillette, fillette, ce que tu te goures.
Si tu crois, petite, si tu crois, ondine,
Que ton teint de rose, ta taille de
    guêpe,
Tes mignons biceps, tes ongles d'émail,
Ta cuisse de nymphe et ton pied léger,
Sie tu crois,
Xava, xava, xa
Va durer toujours, ce que tu te goures,
Fillette, fillette, ce que tu te goures.

Les beaux jours s'en vont,
Les beaux jours de fête,
Soleils et planètes
Tournent tous en rond.
Mais toi, ma petite, tu marches tout
    droit
Vers c'que tu n'vois pas.
Très sournois s'approchent
La ride véloce, la pesante graisse,
Le menton triplé, le muscle avachi.

Allons, cueille, cueille les roses,
Les roses, roses de la vie, roses de la
    vie.
Et que leurs pétales soient la mer étale
De tous les bonheurs, de tous les bon-
    heurs.
Allons, cueille, cueille, si tu le fais pas,
Ce ques tu te goures, fillette, fillette, ce
    que tu te goures.

Wenn du dir einbildest, Mädchen, / Daß sie ewig dauert, / Die
Jahreszeit der Liebe, / Dann
täuschst du dich, / Mädchen, du
täuschst dich. / Wenn du glaubst,
Kleine, wenn du denkst, Undine, /
Daß deine seidige Haut, deine
Wespentaille, / Deine hübschen
Rundungen, deine emailfarbe-
nen Nägel, / Deine Nymphen-
schenkel und dein beschwingter
Gang, / Wenn du glaubst, / Daß
dies ewig dauert, täuschst du
dich, Mädchen.

Die schönen Tage sind bald vor-
bei, / Die schönen Festtage. /
Sonnen und Planeten / Drehn
sich im Kreis. / Aber du, meine
Kleine, du läufst geradeaus /
Nach etwas, das du nicht siehst. /
Bald hast du Falten, du setzt Fett
an, / Bekommst ein dreifaches
Kinn, deine Muskeln werden
schlaff.

Also, pflück die Rosen, / Die Rosen des Lebens. / Mögen ihre
Blätter das Meer aller Seligkei-
ten sein. / Also, pflück, pflück,
wenn du es nicht tust, / Täuschst
du dich, Mädchen.

Als das hochmütige Mädchen mit der schwarzen Mähne und den
schwarzen Gedanken, von der negativen Kritik unbeeindruckt, neue
boshafte Lieder ins Programm nahm – so den Titel »Ich hasse den
Sonntag« –, gewöhnten sich Publikum und Kritiker allmählich an die
neue Sängerin. Bald beteten sie an, was sie zuvor verachtet hatten, und
rühmten jetzt die »seltsame Stimme mit dem undefinierbaren Reiz«.
Der »schwarze Kolibri« war entdeckt.

Seither hat Juliette Gréco, die seit den späten 70er Jahren nur noch selten auftritt, ihr Repertoire immer wieder erweitert, etwa mit Texten der damals unbekannten Autoren Serge Gainsbourg, Pierre Louki und Léo Ferré; die Diktion und Tendenz jedoch haben sich kaum verändert, zum Nachteil der Gréco.

Die Prévert-Chansons zum Beispiel werden von Cora Vaucaire viel nuancierter und weniger affektiert gesungen, die härteren Texte von Brecht und Ferré deklamiert Catherine Sauvage viel leidenschaftlicher als die »Femme-orchidée«. Zwar singt die Luxusdame des französischen Chansons intelligent und mit perfekter Technik, doch ganz und gar ohne Herz. Daß es ihrem Vortrag tatsächlich an Emotion fehlt, fiel besonders auf, als sie im Oktober 1966 zusammen mit Georges Brassens im »Théâtre Nationale Populaire« auftrat. »Ihre Interpretation schmeckt wie Kaviar und Sekt«, urteilte ein Kritiker, »aber im Vergleich zu Brassens wirkt sie wie ein Show-Star ohne Substanz.«

Jean Ferrat, Barbara, Anne Sylvestre

Seit Brassens, Brel und Béart demonstriert haben, daß Chanson-Autoren, die sich selbst interpretieren, mühelos Riesenerfolge verbuchen, auch wenn sie noch so monotone Stimmen haben, wächst die Zahl der oft nur mäßig singenden Auteurs-Interprètes beträchtlich. Oft von arrivierten Kollegen gefördert, traten in den sechziger und siebziger Jahren ans Licht: der einstige Journalist Claude Nougaro, der auf einen überhektischen, swingenden Rhythmus die Frauen, Louis Armstrong, den Dichter Audiberti und seine eigene Geburt besingt; der ehemalige Gymnastiklehrer Ricet Barrier, der mit gutmütiger Ironie heitere, skurrile Bauerngeschichten erzählt, Maurice Fanon, der mit grobem Wortschatz und boshafter Kritik die Zuhörer schockiert, und Hugues Auffray, halb Pfadfinder, halb Beatnik, der französisches Chanson mit amerikanischem Protestsong mischt. Ferner: Pia Colombo, Jean Arnulf, Henri Gougaud, Georges Chelon und Henri Tachan. Und auch die Besten der Jüngsten sind mittlerweile schon arriviert, so Jean-Claude Bellecour, der gleich für seine erste Langspielplatte einen »Grand Prix du Disque« bekam. Die Größten der Nach-Brassens-Generation sind unbestritten: Barbara, Anne Sylvestre und Jean Ferrat.

Ein Jahrzehnt lang, bis etwa zum Ende des Algerienkrieges, produzierte der Anarchist Léo Ferré die Chansons mit dem größten politischen Zündstoff. Diese Arbeit nahm ihm 1963 der hagere Jean Ferrat ab. Er gilt seither als der Anführer der politisch engagierten antibürgerlichen Auteurs-Interprètes – ein Rebell, dessen regierungsfeindliche Lieder oft genug vom staatlichen französischen Rundfunk und Fernsehen nicht gesendet werden durften. Und auch im sozialistisch regierten Frankreich hat der »absolut obrigkeitsfeindliche« Ferrat gute Chancen, nicht gesendet zu werden.

Dabei begann der einstige Chemielaborant, Jazzgitarrist und Laienschauspieler seine Karriere als Chanteur de charme, Interpret sentimentaler Chansons. Seine Entdeckerin war Zizi Jeanmaire, für die er Liebeslieder geschrieben hatte: Ferrat durfte im Varieté-Theater »Alhambra« in einer Zizi-Jeanmaire-Show seine tiefe, gefühlvolle Stimme erschallen lassen. Zwei Jahre blieb er in diesem Genre. 1963 überraschte er mit einer Langspielplatte, die neben einem Preislied auf Georges Brassens auch das Film-Chanson aus Alain Resnais' »Nacht und Nebel« enthielt.

Ils étaient vingt et cent, ils étaient des
milliers
Nus et maigres, tremblants dans ces
wagons plombés
Qui déchiraient la nuit de leurs ongles
battants
Ils étaient des milliers, ils étaient vingt
et cent
Ils se croyaient des hommes, n'étaient
plus que des nombres
Depuis longtemps leurs dés avaient été
jetés
Dès que la main retombe il ne reste
qu'une ombre
Ils ne devaient jamais plus revoir un été

Ils s'appelaient Jean-Pierre, Natacha
ou Samuel
Certains priaient Jésus, Jéhovah ou
Vichnou
D'autres ne priaient pas, mais qu'im-
porte le ciel
Ils voulaient simplement ne plus vivre à
genoux.
On me dit à présent que ces mots n'ont
plus cours
Qu'il vaut mieux ne chanter que des
chansons d'amour
Que le sang sèche vite en entrant dans
l'histoire
Et qu'il ne sert à rien de prendre une
guitare
Mais qui donc est de taille à pouvoir
m'arrêter
L'ombre s'est faite humaine, aujourd'-
hui c'est l'été
Je twisterais les mots s'il fallait les
twister
Pour qu'un jour les enfants sachent qui
vous étiez.

Vous étiez vingt et cent, vous étiez
des milliers...

Sie waren zwanzig und hundert,
sie waren Tausende, / Nackt und
mager, zitternd, in plombierten
Waggons, / Die die Nacht mit
klopfenden Nägeln zerkratzten, /
Sie waren Tausende, sie waren
zwanzig und hundert. / Sie glaub-
ten Menschen zu sein und waren
nur noch Nummern. / Die Würfel
waren schon längst gefallen. /
Wenn die Hand wieder herab-
fiel, blieb nur noch ein Schatten. /
Sie sollten nie mehr einen Sommer wiedersehen.

Sie hießen Jean-Pierre, Natascha
oder Samuel, / Manche beteten
Jesus, Jehova oder Vichnou an. /
Andere beteten nicht, aber was
bedeutet schon Glaube? / Ihr einziger Wunsch war: nicht mehr
auf den Knien leben.

Man sagt mir, daß diese Worte
jetzt nicht mehr gelten, / Daß es
besser sei, Liebeschansons zu
singen, / Daß das Blut schnell
trocknet, wenn es Geschichte
wird, / Und daß es nichts mehr
nützt, eine Gitarre zu nehmen. /
Aber wer kann mich schon daran
hindern, / Der Schatten ist
menschlich geworden, heute ist
Sommer. / Ich würde diese Worte
auch auf einen Twistrhythmus
singen, / Wenn es nötig wäre,
damit die Kleinen wissen, wer ihr
gewesen seid.

Ihr wart zwanzig und hundert,
ihr wart Tausende...

Das KZ-Lied wurde jahrelang vom französischen Rundfunk nicht gesendet. Ferrat: »Man hat mir gesagt, dieses Chanson gefährde die deutsch-französische Freundschaft.« Das Funkverbot brachte dem Künstler jedoch so viel Popularität, daß vom »Nacht und Nebel«-Lied in wenigen Monaten über 330000 Schallplatten verkauft waren.

So viel Zustimmung machte Mut: Als er Ende 1965 im »Bobino« auftrat, besang Ferrat die revoltierenden Matrosen vom russischen Panzerkreuzer Potemkin. Und wieder schien der ORTF der Panzerkreuzer-Song keiner Sendung wert. Ferrat war nach Meinung des obrigkeitstreuen französischen Fernsehens wiederum falsch programmiert: Er hatte die Geschichte vom Matrosenaufstand benutzt, eine Welt zu feiern, in der die Menschen erfreulicherweise den Mächtigen Gehorsam und Respekt verweigern. Er rühmte den unbekannten Meuterer als »meinen Bruder, meinen Freund, meinen Kameraden, der ermordet wurde«.

Die Anziehungskraft, die Ferrat auch mit diesem Chanson auf die Jugend ausübte, war beachtlich. 80000 »Potemkin«-Schallplatten wurden innerhalb von vier Wochen abgesetzt. Die 25jährigen fühlten sich von den Yeâh-Yeah-Sängern plötzlich nicht mehr angesprochen. Sie erkannten sich in dem ruhigen jungen Mann wieder, der so ernste Worte sang.

Ferrat erschöpft sich eben nicht, wie etwa sein Vorgänger und Vorbild Léo Ferré, in boshaften Anspielungen und purem Zynismus. Ferrat hat stets ein Rezept für die Heilung in einer unheilbaren Welt. Er plädiert für Pazifismus und Verständigung, für Großmut und für Brüderlichkeit. Bei »all dieser so bitter notwendigen Kritik« (Ferrat) vergißt er natürlich auch den Lebensgenuß und die Liebe nicht. Sie besingt er oft mit den Worten des Dichters Aragon: Seine Aragon-Vertonungen gehören zu den romantischsten Kompositionen, die das französische Chanson kennt.

Da Ferrat nach eigenem Geständnis jedoch nicht nur singt, »um sich die Zeit zu vertreiben«, nimmt er auf seine freundliche Art stets Anteil an den Problemen unserer Zeit – beispielsweise an den Fragen, die von der ökologischen Bewegung diskutiert werden. Als erster Auteur-Interprète analysierte er die Landflucht, die der französischen Regierung seit den fünfziger Jahren zu schaffen macht. In »La Montagne«, dem ersten soziologischen Chanson, erzählt er die Geschichte von jungen Dorfbewohnern, die ihre alten Häuser und ihre Weinberge verlassen, um in der Stadt ein dürftiges Dasein zu führen. In einem anderen Chanson (»On ne voit pas le temps passer«), einer Art Nationalhymne der Frauenrechtsbewegung, trauert er mit den »Millionen Frauen«, die, früh verheiratet, zu früh und zu viele Kinder gebären und zwischen Kochtopf und Waschzuber nicht einmal merken, »wenn die Welt sich auf den Kopf stellt«.

Auf jede versöhnliche Geste verzichtet der bei seinen Auftritten stets schmerzlich lächelnde Ferrat freilich, wenn er sich mit der Kirche anlegt. Im Klerikalismus sieht er die unerbittlichste Diktatur, die wahre Versklavung des Volkes. Seine Gehässigkeit gilt der »Vereinigung von Säbel und Weihwedel«, von Kirche und Armee: »Die eine schwang das Schwert, die andere das Ziborium... die eine beherrschte die Kunst, den Knüppel zu schwingen, und die andere dachte stillschweigend, daß dieser Knüppel etwas für sich habe... Die Völker durften keine Fragen stellen, und wenn sie einmal fragten, dann war es schon zu spät...«

Ferrat schreckt, wenn er dieses Thema einmal aufgegriffen hat, vor sogenannten Gotteslästerungen und Klerikal-Injurien nicht zurück. Er bedauert beispielsweise ein Mädchen, dem ein Abt nachstellt und das »nicht wußte, daß der Lümmel gegen Verhütung« war.

Von solch heftigem Engagement läßt sich Jean Ferrat nur allzu stark mitreißen. Er vergißt über dem aggressiven Text die Form, die sprachliche und die musikalische, und verrennt sich in Wortabstraktionen und banale Melodien. »Statt, wie beabsichtigt, das Publikum aufzuputschen«, kritisierte »Le Monde« einen Auftritt Ferrats im »Bobino«.

Jean Ferrat ist sich dieses Nachteils und der konventionellen Machart seiner subversiven Botschaften durchaus bewußt. Er weiß, daß seine Lieder nicht »scharf wie Schwerter« sind, sondern daß er nur ein Holzschwert schwingt.

Doch damit schlägt er immer wieder einmal so kräftig zu, daß die Medien von einem Skandal berichten können. Zuletzt Anfang 1980, als er sein Protestchanson »Le Bilan« herausbrachte. In dieser Bilanz rechnet der engagierte Kommunist Ferrat, der allerdings nie ein Parteibuch der KPF besessen hat, mit dem geistigen Totalitarismus der französischen Stalinisten ab: »Wie viele Nattern haben sie uns schlucken lassen, von Prag bis Budapest und von Sofia bis Moskau, die dienstfrigen Stalinisten, die alles daransetzen, uns die düstersten Geständnisse unterzeichnen zu lassen. Wie viele Massaker haben sie uns gutheißen lassen...«

Was ein Chanson in Frankreich auch heutzutage gelegentlich noch vermag, beweist die Tatsache, daß mit Hinweis auf Ferrat Mitglieder scharenweise aus der KPF austraten. Doch sein »subversives Meisterstück«, wie die KP-Zeitung »L'Humanité« die Bilanz nannte, hinderte Ferrat nicht daran, sich bei der Präsidentschaftswahl 1981 für den Kommunistenchef George Marchais einzusetzen und sich in seiner Heimatgemeinde in der Ardèche über die Liste der KPF in den »Conseil municipal« wählen zu lassen.

Derlei politisches Engagement ist einer Altersgenossin Ferrats völlig fremd: Barbara, wie Ferrat 1930 geboren, sang 14 Jahre lang, ohne daß sie jemand so recht hören wollte:

Sie sang in ihrem eigenen Nachtclub in Brüssel, und, nachdem sie dieses Etablissement wieder schloß, sang sie auch in den Cabarets des Quartier Latin. In der »Ecluse« trat sie von Mitternacht bis zwei Uhr früh für ein Butterbrot auf, mit Chansons aus dem Repertoire der Guilbert, mit Liedern von Ferré, Brel und Brassens. Und wenn schon einmal ihre lyrische, am Pariser Konservatorium ausgebildete Stimme auffiel, verschanzte sie sich vor den Publicity-Managern hinter ihrem Klavier und ging jedem Kontakt ängstlich aus dem Wege.

Während dieser ruhmlosen Jahre nahm Barbara sieben Schallplatten auf – für eine Longplay benötigte sie ein Jahr Produktionszeit – und verkaufte, wie sie gesteht, »von jeder nicht mehr als zehn Stück«. Ihr Mißerfolg war so sprichwörtlich, daß das Nachrichtenmagazin »L'Express« sie »die große Dame ohne Glück« nannte.

So wurde Barbara auch Mitte 1964 in der populären Fernsehsendung »Les Mardis de la Chanson« vorgestellt, in der sie einige ihrer selbstgetexteten und -komponierten Chansons vortrug, mit denen sie sich nur selten an die Öffentlichkeit gewagt hatte. Am Chanson-Dienstag saß auch Georges Brassens vor dem Fernsehschirm. Ihm gefiel vor allem Barbaras »Nantes«-Lied, ein Lied, mit dem die schwarzhaarige, hagere, hakennasige Sängerin den Tod ihres Vaters beklagt. Und der Talentsucher Brassens lud Barbara Serf, Tochter polnischer Eltern, 1930 in Paris geboren, als Gast in sein »Bobino«-Programm. 1964 hatte sie ihren ersten Auftritt in der Music-Hall am Montparnasse. Schon ein Jahr später war Barbara Hauptstar eines eigenen »Bobino«-Spektakels und konnte erste erfolgreiche Auslands-Tourneen absolvieren. Vor allem aber, »das war der wichtigste Schritt«, wie Barbara Serf sagt, fand sie zu dieser Zeit eine neue Schallplattenfirma und dort auch ihre künftigen Begleitmusiker, einen Akkordeonspieler und einen Kontrabassisten, die der Sängerin dabei halfen, für ihre musikalischen Vorstellungen auch die richtige Form zu finden. Bereits für die erste in dieser Teamarbeit entstandene LP bekam Barbara den »Grand Prix du Disque«.

Kein Wunder, daß 1965 die Rundfunkstation »Paris-Inter-Variétés« unverzüglich einen Barbara-Tag mit Barbara-Chansons und Barbara-Interviews einlegte.

Den Aufstieg in die Oberklasse der gallischen Unterhaltungs-Industrie verdankt die »ewige Witwe«, wie die von einem Brüsseler Arzt geschiedene Sängerin wegen ihrer stets schwarzen Kleidung genannt wird, jedoch nicht allein dem gutmütigen Brassens. Er geht zu einem Gutteil auf einen Programmwechsel zurück. Denn die ganzen erfolglosen Jahre hindurch hatte Barbara vorwiegend Chansons ihrer Kollegen Brassens, Brel und Ferré ihre Stimme geliehen; erst als sie ihr Repertoire ganz auf eigene Chansons umstellte, vergrößerte sich ihr Zuhörerkreis. Es sind Chansons, die Barbaras besessene Egozentrik artikulieren, Lieder, in denen sie psychologischen Exhibitionismus treibt, ihre Gier, ihre Menschenscheu und Verwundbarkeit preisgibt. Der seit Brassens und Brel im französischen Chanson immer stärker werdende Trend zum entfesselten Striptease der Seelen gelangt bei Barbara – immer ein entblößtes Herz – zur Klimax.

Ihre Reflexionen haben jederzeit ein delikates rhetorisches Gefälle. Sie kennen nur zwei Dinge: nimmersatte Sehnsucht nach Liebe und eine gewaltige Lebensangst. In ihrem Weltschmerz, ihrer Furcht vor einer kalten und kahlen Welt, vor der kein Gott und keine Pillen bewahren, singt sie von der Einsamkeit, »die vor meiner Tür schläft, mir Schritt für Schritt folgt und mir schlaflose Nächte und triste Morgen bereitet«.

Ça ne prévient pas, ça arrive,
Ça vient de loin,
Ça c'est traîné de rive en rive,
La gueule en coin.
Et puis, un matin, au réveil,
C'est presque rien,
Mais c'est là, ça vous ensommeille
Au creux des reins,
Le mal de vivre, le mal de vivre,
Qu'il faut bien vivre, vaille que vivre!

On peut le mettre en bandoulière
Ou, comme un bijou, à la main,
Comme une fleur en boutonnière,
Ou juste à la pointe du sein.
C'est pas forcément la misère,
C'est pas Valmy, c'est pas Verdun,
Mais c'est les larmes aux paupières,
Au jour qui meurt, au jour qui vient.
Le mal de vivre, le mal de vivre,
Qu'il faut bien vivre, vaille que vivre!

Qu'on soit de Rome ou d'Amérique,
Qu'on soit de Londres ou de Verdun,
Qu'on soit d'Egypte ou bien d'Afrique
Ou de la porte Saint-Martin,
On fait tous la même prière,
On fait tous le même chemin.
Qu'il est long quand on doit le faire

Sie warnt nicht, sie ist plötzlich da, / Sie kommt von weit her, / Sie hat sich von Ufer zu Ufer geschleppt, / Mit ihrem schiefen Maul. / Und dann, eines Morgens beim Erwachen, / Man merkt fast nichts, / Aber sie macht schläfrig, / Sie sitzt im Leibe, / Die Lebensangst, die Lebensangst, / Die man mit sich herumschleppt, / Das Leben sei, wie es sei!

Man kann sie quer über die Schulter tragen, / Oder als Schmuck an der Hand, / Oder im Knopfloch, wie eine Blume, / Oder an der Spitze der Brust. / Es ist nicht gleich das Elend, / Es ist nicht Valmy, es ist nicht Verdun, / Aber die Tränen quellen aus den Augen, / Wenn der Tag kommt, wenn der Tag geht, / Die Lebensangst, die Lebensangst, / Die man mit sich tragen muß, / Das Leben sei, wie es sei!

Ob wir Römer oder Amerikaner sind, / Aus London oder Verdun kommen, / Von Ägypten, von Afrika / Oder von der Porte Saint-Martin, / Wir beten alle dasselbe Gebet, / Wir gehen alle denselben Weg. / Wie lang ist er, wenn man ihn zurücklegen muß /

Avec son mal au creux des reins!
Le mal de vivre, le mal de vivre,
Qu'il faut bien vivre, vaille que vivre!

Ils ont beau vouloir nous comprendre,
Ceux qui nous viennent, les mains
    nues,
Nous ne voulons plus les entendre,
On ne peut pas, on n'en peut plus.
Alors, seule dans le silence
D'une nuit qui n'en finit plus.
Voilà que soudain on y pense
A ceux qui n'en sont pas revenus,
Du mal de vivre, du mal de vivre,
Qu'il faut bien vivre, vaille que vivre!

Et sans prévenir, ça arrive,
Ça vient de loin,
Ça c'est traîné de rive en rive,
D'un rire en coin.
Et puis, un matin, au réveil,
C'est presque rien,
Mais c'est là, ça vous émerveille
Au creux des reins,
La joie de vivre, la joie de vivre,
Qu'il faut bien vivre, vaille que vivre!

Mit seiner Lebensangst im Leibe, / Seiner Lebensangst, seiner Lebensangst, / Die man mit sich tragen muß, / Das Leben sei, wie es sei!

Wenn sie auch versuchen, uns zu verstehen, / Die Menschen, die mit nackten Händen zu uns kommen, / Wir wollen ihnen nicht mehr zuhören, / Wir können nicht, wir können nicht mehr, / Allein in der Stille / Einer Nacht, die kein Ende nehmen will, / Denkt man plötzlich / An diese Menschen, / Die sich davon nicht erholt haben, / Von der Lebensangst, von der Lebensangst, / Das Leben sei, wie es sei!

Und sie kommt, ohne zu warnen, / Von weit her, / Sie geht von Ufer zu Ufer, / Mit einem Lächeln. / Und dann, eines Morgens beim Erwachen, / Man merkt fast nichts, / Aber sie blendet, sie sitzt im Leibe, / Die Lebensfreude, die Lebensfreude, / Die man mit sich tragen muß, / Komm, genieße die Lebensfreude!

Barbara, die sich vom Erlös ihrer Beichten recht bald einen Rolls-Royce leisten konnte, erzählt in manchmal verworrenen Texten von flüchtigen Abenteuern, »mit denen man immer Schluß machen will, die man aber doch immer wieder beginnt, weil die Männer zwar tölpelhaft, aber süß sind«.
Immer spricht sie vom unersättlichen körperlichen Verlangen: »Ich suche einen Mann, der wie ein richtiger Mann aussieht, ich suche einen robusten, schönen Mann.«

Sie ist 1934 in Lyon geboren und gilt nach Barbara als die bekannteste singende Chanson-Autorin der Gegenwart. Wie Barbara schlug sie sich, nach einem abgebrochenen Sorbonne-Studium, anfangs schlecht bezahlt durch die Lokale rechts und links der Seine. Resonanz fand sie kaum, trotz der Unterstützung Guy Béarts.

Anne Sylvestre, die 1957 in »La Colombe« debütierte und erst im Frühjahr 1967 im »Bobino«, dem Tempel des Chansons, auftreten durfte, wird oft als »weiblicher Brassens« bezeichnet. Denn wie Brassens besingt sie eine Welt, die abseits des modernen Alltags liegt, zeigt auch sie hohes handwerkliches Können. Ihre Chansons sind mit Raffinesse gemacht, logisch, vollendet und ohne Wortzierat, sind pointiert und metaphernreich. Die Sylvestre bevorzugt einen Wortschatz, der aus der Zeit Apollinaires zu stammen scheint.

Ne me dites pas que Jeanne était belle
Ne me dites pas, ne me dites pas
Que tous les garçons se seraient pour elle
Fait couper les bras
Elle avait les mains fortes qui consolent
Le regard pesant des femmes comblées
Et cette splendeur de la faux qui vole
Sur les champs de blé
Par Dieu je le sais bien qu'elle était belle Jeannette
Qu'elle avait le cœur grand comme un buisson de fleurs
Une auberge de cœur où tous les gueux s'arrêtent
Venant y déposer leur bagage et leur peur.

Jeanne avait les bras courbés pour la gerbe
Et l'homme était gerbe en ses bras la nuit
Elle moissonnait des pieds acerbes
Fauchait ses ennuis

Elle avait le flanc creusé en corbeille
Pour y recueillir les fruits de l'été
Ses lèvres savaient comme des abeilles
Aux fleurs s'arrêter
Par Dieu, je le sais bien qu'elle était belle Jeannette...

Du brauchst mir nicht zu sagen, / daß Jeanne schön war, / Du brauchst mir nicht zu sagen, / Daß alle Jungen sich für sie hätten / Die Arme abschneiden lassen, / Sie hatte jene kräftigen Hände, die trösten, / Den schweren Blick der erfüllten Frauen, / Die Schönheit der Sense, die über / Den Kornfeldern schwebt, / Bei Gott, ich weiß, daß sie schön war, Jeanne, / Daß ihr Herz so groß war wie ein blühendes Gesträuch, / Ein Herz wie eine Herberge, an der alle Armen halten, / Um ihr Gepäck und ihre Angst dort zu lassen.

Die Arme von Jeanne waren wie gebogen für die Garben, / Und der Mann fühlte sich als Garbe in ihren Armen, nachts, / Sie mähte seine bösen Leiden, / Sie schnitt seinen Kummer.

Ihre Lenden waren hohl wie ein Korb, / Um die Früchte des Sommers zu empfangen, / Ihre Lippen konnten sich wie Bienen / An den Blumen halten, / Bei Gott, ich weiß wohl, daß Jeanne schön war...

Die Chansons von Anne Sylvestre sind oft Stilübungen. Aus einigen Titeln und Zitaten französischer Volkslieder etwa arrangiert sie ein

Chanson »Histoire ancienne«. Mit einem einzigen Bild vermag sie einen komplexen Seelenzustand zu erhellen. So spricht sie zum Beispiel von den jungen Männern, die »mit zerlumpten Herzen« nach Hause kommen, »wenn der Frühling in ihnen wächst«, oder vom scheuen, »süß-bitteren« Mädchen, das »halb Honig, halb Feuer« ist.

Sie flieht mit solchen Texten in eine märchenhafte Welt. Ihre Sache ist es nicht, sich über Krieg und Unrecht die Haare zu raufen, und sie will auch nicht wissen, »warum ich sterben werde am Tag, an dem alles zusammenbricht«. Viel angenehmer wäre es für sie, in den Armen eines Mannes zu sterben. Sie liebt die Liebe und die Natur, viel mehr hat in ihrem Repertoire nicht Platz. Sie besingt die Johannisfeuer und die Schafhirten, die Trauben- und Nußernte. Und »wenn alle zum Mond fliegen«, will sie daheim bleiben, die »Hausmeisterin dieser Erde werden« und »kleine Gärtner, Weintrinker und Fischer zur Welt bringen«.

Le vent souffle dans les branches Les branches de pin...	Der Wind weht in den Zweigen, / Den Zweigen der Pinien...
Le vent court dans la colline Sa danse de fou Les cigales sont chagrines Et se cachent dans les trous.	Der Wind braust über den Hügel, / Er tanzt einen Narrentanz, / Die Zikaden verstecken sich betrübt in den Löchern.
Le vent court dans les pierrailles Et tombe à la mer Qui déploie et qui détaille Tous ses bleus et tous ses verts.	Der Wind braust über die Steine / Und fällt ins Meer, / Das sein Blau und sein Grün / Auseinanderfaltet.

Als Colette des Chansons, als intime Kennerin des weiblichen Wesens – ihre Mannsbilder sind allesamt Pantoffelhelden – beschreibt sie die ersten Verwirrungen und Gefühlswallungen, die die 15jährigen Mädchen hinter burschikosen Allüren verbergen, sie erzählt vom Los der ledigen Mütter, die auf einen Ehemann warten, und mit Vorliebe von jener Frau, zu der sich die Dorfbewohner »in ihren schwachen Stunden flüchten«. Diese Frau, »mit dem Herzen so groß wie ein blühender Strauch«, hat viele Namen. Am häufigsten heißt sie Philomène, Eléonore oder Jeannette.

Ganz das Gegenteil dieser Dorf-Dirnen ist die moderne Penelope, die sich jedem Mann verweigert, weil sie, bald verzweifelt, bald resigniert, immer noch auf die Heimkehr ihres im Krieg gefallenen Mannes wartet. »Mon mari est parti« zählt zu den ausdrucksstärksten pazifistischen Chansons.

Mon mari est parti un beau matin d'automne
Parti je ne sais où
Je me rappelle bien la vendange était bonne
Et le vin était doux
Le veille nous avions ramassé des girolles
Au bois de Viremont
Les enfants venaient juste d'entrer à l'école.
Et le temps était bon
Mon mari est parti un beau matin d'automne
Le printemps est ici
Mais que voulez-vous bien que le printemps me donne,
Je suis seule au logis.

Mon mari est parti, avec lui tous les autres
Maris des environs
Le tien Eléonore et vous Marie le vôtre
Et le tien Marion
Je ne sais pas pourquoi, et vous non plus sans doute
Tout ce que nous savons
C'est qu'un matin d'octobre ils ont suivi la route
Et qu'il faisait très bon
Des tambours sont venus nous jouer une aubade
J'aime bien les tambours
Il m'a dit je m'en vais faire une promenade
Moi je compte les jours.

Mon mari est parti je n'ai de ses nouvelles
Que par le vent du soir
Je ne comprends pas bien toutes ces péronnelles
Qui me parlent d'espoir

Eines schönen Herbstmorgens ist mein Mann davongegangen, / Fort, ich weiß nicht, wohin, / Ich weiß noch, die Weinernte war gut, / Und der Wein war süß, / Am Tag zuvor hatten wir Pfifferlinge gesammelt / Im Wald von Viremont, / Der Schulunterricht hatte gerade wieder begonnen, / Und das Wetter war gut. / Eines schönen Herbstmorgens ist mein Mann davongegangen, / Der Frühling ist da. / Doch was soll er mir schon bringen, / Ich bin allein im Haus.

Mein Mann ist fort, und die anderen / Männer von hier auch, / Dein Mann, Eleonore, deiner, Marie, / Und deiner, Marion, / Ich weiß nicht, warum, du gewiß auch nicht, / Alles, was wir wissen, das ist, / Daß sie sich auf den Weg machten, an einem Oktobermorgen, / Als die Luft so milde war, / Trommeln haben uns ein Morgenständchen gebracht, / Ich mag Trommeln gern, / Er hat mir gesagt: Ich gehe spazieren. / Und ich, ich zähle die Tage.

Mein Mann ist davongegangen, Nachricht bekomme ich nur / Durch den Abendwind, / Ich verstehe nicht recht all diese Klatschbasen, / Die mir von Hoffnung sprechen, /

Un monsieur est venu m'apporter son costume
Il n'était pas râpé
Sans doute qu'en chemin il aura fait fortune
Et se sera nippé
Les fleurs dans son jardin recommencent à poindre
J'y ai mis des iris
Il le désherbera en venant me rejoindre
Lorsque naîtra son fils.

Mon mari est parti quand déjà la nature
Était toute roussie
Et plus je m'en défends et plus le temps me dure
Et plus je l'aime aussi
Marion m'a-t-on dit vient de se trouver veuve
Elle pleure beaucoup
Eléonore s'est fait une robe neuve
Et noire et jusqu'au cou
Pour moi, en attendant que mon amour revienne
Je vais près de l'étang
Je reste près du bord je joue et me promène
Je parle à mon enfant.

Ein Herr ist gekommen, er hat mir seine Kleidung gebracht, / Sie war nicht abgenutzt. / Wahrscheinlich ist er unterwegs ein reicher Mann geworden / Und hat sich neue Sachen gekauft. / Die Blumen in seinem Garten beginnen zu sprießen, / Ich habe Iris gepflanzt, / Er wird den Garten saubermachen, wenn er wieder da ist, / Wenn sein Sohn auf die Welt kommt.

Mein Mann ist davongegangen, als die Natur schon / Rötlich war, / Und je mehr ich mich dagegen sträube, um so länger wird mir die Zeit, / Und um so mehr liebe ich ihn. / Marion, hat man mir gesagt, ist eben Witwe geworden, / Sie weint und weint, / Eleonore hat sich ein neues Kleid gekauft, / Schwarz und hochgeschlossen, / Und ich warte, ich warte darauf, daß mein Liebster wiederkommt, / Ich gehe zum Teich, / Ich bleibe am Ufer, ich spiele, ich laufe, / Und ich rede mit meinem Kind.

Anne Sylvestre hat nur in wenigen Chansons auf die Themen verzichtet, die ihr das ländliche Milieu liefert. Sylvestre-Chansons ohne Dorfidylle, Schäferstündchen in Heu und Gras, ohne Mädchen in Holzpantinen und frisch gestärkten Röcken, ohne Gemüt und Beschaulichkeit sind selten. Nur gelegentlich bedient sie sich der Ironie. So in der Liebeserklärung einer Frau an einen Mann:

Puisqu'enfin je suis un chameau
Permettez que je vous agresse
Ce qui veut dire en d'autres mots
Veuillez accepter ma tendresse
Comme j'ai la réputation
D'irréductible peau de vache
Je livre à votre discrétion
Cette faiblesse que je cache.

Wenn ich schon ein Kamel bin, / Erlaube bitte, daß ich doch angreife, / Das heißt mit anderen Worten, / Nimm bitte meine Zärtlichkeit entgegen. / Da ich im Ruf stehe, / Eine unverbesserliche Ziege zu sein, / Stelle ich dir gern diese Schwäche zur Verfügung, / Die ich sonst verstecke.

144

Das Chanson in Deutschland

Der Trend zum kunstvollen Formalismus ist im französischen Chanson eindeutig. Die Opposition gegen gesellschaftliche Tabus und staatliche Willkür, von Bruant einst brutal herausgesungen, wird in Andeutungen, Wortspielen und Reimassoziationen versteckt. Die Autoren und Interpreten verzichten meist auf unmittelbare und naive Schockwirkung, ihr Protest wird fein pointiert und mit Distanz vorgetragen. Das neueste französische Chanson dokumentiert nicht mehr – es genügt sich selbst. Und nur allzuoft ist das Chanson Sekundärliteratur über das Chanson. Yves Montand singt ein Chanson über das Chanson (»La chansonnette«), Serge Gainsbourg bietet eine Studie über die Kunst des Chansontexters Prévert (»La chanson de Prévert«), Barbara gar verliert sich in esoterischen Paraphrasen über Barbara. Von der Zündkraft und ideologischen Wirksamkeit, wie sie ehedem der Revolutionshymnus barg, ist in modernsten Chansons wenig zu spüren.

Weder die Studentenrevolte des Jahres 1968 noch die Gegnerschaft zum Staat Giscard d'Estaings haben bedeutende Auteur-Interpreten hervorgebracht, dafür um so mehr Schlagermusik à la Adamo. »Merkwürdig«, urteilt »L'Express« 1979, »das Chanson ist lasch geworden, wo es noch so viel Angriffsflächen gibt.«

Das gilt auch für andere Länder, die in den fünfziger und sechziger Jahren eine Konjunktur des politischen Chansons erlebten – Länder freilich, die, mit Frankreich verglichen, keine Chanson-Tradition haben.

Aggressiv, unverschlüsselt, ohne gesuchte Metaphorik und mit einfachen Strophen wandten sich in den Vereinigten Staaten die »Protestsinger« Bob Dylan, Joan Baez und Pete Seeger beispielsweise gegen Präsident Johnsons Vietnam-Kriegspolitik, gegen Rassendiskriminierung und den nivellierten American Way of Life. In Spanien sang der von den rebellischen Studenten verehrte Katalane Raimon »Diguem no« (»Ich sage nein«); die linke Jugend Italiens hörte Fausto Amodei, und in Belgien machte Miel Cools mit despektierlichen Chansons auf sich aufmerksam. Aus der Sowjetunion drangen Protestverse von Bulat Okudshawa.

In der Bundesrepublik lehnte und lehnt sich eine Schar von Liedermachern, wie die dichtenden Sänger hierzulande neuerdings genannt werden, gegen die etablierte Ordnung auf, gegen Kernenergie und Aufrüstung. Vor allem Franz Josef Degenhardt, Dieter Süverkrüp, Walter Mossmann, Hannes Wader, Konstantin Wecker und die Österreicher Ludwig Hirsch und Georg Danzer haben mit ihrem Verlangen nach Frieden, Ablehnung der Untertanenpassivität, Wachsamkeit und Toleranz ein – an der Schallplattenauflage gemessen – erstaunliches Echo gefunden. Verwunderlich auch, daß beim deutschen Publikum, das dem Chanson gegenüber nicht unbedingt aufgeschlossen ist, die alles andere als schlagerhaften Texte und Melodien der Brüder Hein und Oss Kröher und des auch in Frankreich namhaften Reinhard Mey akzeptiert werden.

Zweifellos die größte Resonanz in der Bundesrepublik hatte jedoch Wolf Biermann, als er noch in der DDR den Regierenden auf die Nerven fiel. Biermann, der heute zu den besten deutschsprachigen Lyrikern zählt, artikulierte in grimmigen Versen die Gefühle und Gedanken der jungen DDR-Generation.

In der 1962 geschriebenen »Ballade von dem Drainage-Leger Fredi Rohsmeisl aus Buckow« stimmt Biermann diese politische Konfession an:

Das ist die Ballade von Fredi Rohsmeisl
Drainage-Leger auf den Äckern um Buckow
Gummistiefel bis hoch zum Bauch
Sein Häuschen links am Fischerkietz.
Bei Lene Kutschinsky war Tanz
Er hat auseinander getänzt
Mit seiner Verlobten – das war verboten
Na schön...

Junge, ich hab Leute schon tanzen sehn
Junge, das war manchmal schon nicht mehr schön.
Aber schadet das uns?
Nein.

Und als er so wild auseinander tanzt
Die Musik war heiß und das Bier war warm
Da hatten ihn plötzlich zwei Kerle am Arm
Und schmissen ihn auf die Taubengasse.
Und schmissen ihn über den Lattenzaun
Und haben ihn in die Fresse gehaun
Und er hatte noch nichts getan
Und hatte den hellblauen Anzug an.

Junge, ich hab Leute schon schlagen sehn
Junge, das war manchmal schon nicht mehr schön.
Aber nützt uns das?
Nein.

Da hat Fredi Rohsmeisl beide verrammt
Zwei links zwei rechts er traf genau
Und waren zwei große Kerle die zwei
Halb Buckow sah ihm zu dabei.
Das Überfallauto kam antelefoniert
Hat Fredi halb tot gehaun
Das haben die Buckower Männer gesehn
Und auch die Buckower Fraun.

Junge, ich hab Leute schon zusehen sehn
Junge, das war manchmal schon nicht mehr schön.
Aber nützt uns das?
Nein.

Dann kriegte er einen Prozeß an Hals
Als Konterrevolutionär
Wo nahm der Staatsanwalt nur das Recht
Für zwölf Wochen Knast her?!
Seitdem frißt ihn ein stiller Zorn
Und nach dem zehnten Bier
Erzählt er dir seine große Geschichte
Von hinten und auch von vorn.

Junge, ich hab Leute schon weinen sehn
Junge, das war manchmal schon nicht mehr schön.
Aber nützt uns das?
Nein.

Und er findet noch kein Ende
Und er ist voll Bitterkeit
Und er glaubt nicht einen Faden
Mehr an Gerechtigkeit.
Er ist für den Sozialismus
Und für den neuen Staat
Aber den Staat in Buckow
Den hat er gründlich satt.

Junge, ich hab Leute schon fluchen sehn
Junge, das war manchmal schon nicht mehr schön.
Aber nützt uns das?
Nein!

Da gingen einige Jahre ins Land
Da gingen einige Reden ins Land
Da änderte sich allerhand
Daß mancher sich nicht wiederfand.
Und als der zehnte Sputnik flog
Da wurde heiß auseinander getanzt
Der Staatsanwalt war selbst so frei.
Und Fredi sah ihm zu dabei.

Junge, ich hab Leute sich ändern sehn
Junge, das war manchmal schon nicht mehr schön.
Aber nützt uns das? (Ja.)

Diese unverblümte Abrechnung mit den gegenwärtigen Mißständen in der DDR, der scharfe Spott über eine bedrückende Unwahrhaftigkeit, wie sie Biermann vornehmlich auf mitteldeutschen Jugendveranstaltungen vortrug, mußte zum Konflikt mit der Staatsmacht führen. Man verbot dem Kritiker vorübergehend den Mund (Biermann: »Die einst vor den Maschinengewehren mutig bestanden, fürchteten sich vor meiner Gitarre«) und schwieg ihn tot. Doch Biermann blieb weiterhin renitent. Er polemisierte gegen die sozialistische Bürokratie und die kommunistische Sprachregelung und schrieb ein Drama über den Bau der Berliner Mauer, das nie aufgeführt wurde.
Biermanns Kritik gilt nie »dem System, immer nur den Umständen: der Heuchelei und Verlogenheit in Staat und Partei«. Denn er gehört zu jenen, »die aus dem Glauben an die Reinheit der sozialistischen Ideen und aus der Hoffnung auf ihren schließlichen Triumph die dunkle Gegenwart – wenn auch keineswegs unwidersprochen – in Kauf nehmen« (Alfred Starkmann).
Kein Zweifel, Biermann ist überzeugter Kommunist, und er ist »glücklich, daß es diesen Staat in Deutschland gibt, und wenn er noch so jämmerlich wäre«. Alle Schikanen, versicherte Biermann auf einer Tournee durch Westdeutschland, könnten ihn nicht dazu bringen, diesen Staat zu verlassen, in den er 1953 als 17jähriger Schüler von seiner Geburtsstadt Hamburg aus übergesiedelt ist. Was er nicht wollte, das tat ihm seine Obrigkeit an. Sie bürgerte ihn 1976 aus der DDR aus.
Biermann, der jetzt in Hamburg lebt, ist Sohn eines von den Nazis umgebrachten Arbeiters und Kommunisten. Er studierte an der Ostber-

liner Universität Philosophie, war zwei Jahre Regieassistent bei Bertolt Brecht und zunächst durchaus als »junger sozialistischer Autor« eine Hoffnung des Regimes. Als er in seinen Chansons mit sarkastischen Untertönen den DDR-Alltag und den Aufbau des Sozialismus kritisierte, entschloß sich die SED zur gehässigsten Kampagne, die je gegen einen DDR-Künstler geführt worden ist.

In Glossen, Leitartikeln, Leserbriefen und Dokumentationen wurde der Poet vom SED-Blatt »Neues Deutschland« verfemt. Man warf ihm vor, er zerstöre die »Verbindung mit dem Volk, die Verbindung mit der Partei«, er verunglimpfe die »Wehrbereitschaft der Jugend«, er untergrabe das »patriotische Bewußtsein«, er sei »politisch pervers und pervers auch im Sexuellen«. Nach dieser Attacke, Ende 1965, bekam Biermann auf unbestimmte Zeit Auftrittsverbot. Der Ostberliner Deutschlandsender mußte alle Tonbänder mit Biermann-Balladen vernichten. Biermanns Name steht in keinem DDR-Lexikon, kein DDR-Verlag druckt seine Verse, keine DDR-Schallplattengesellschaft preßt seine Lieder. Als er dann 1976 eine Tournee durch die Bundesrepublik unternahm, ließ ihn der Staatssicherheitsdienst nicht mehr über die Mauer in Richtung Osten.

Nicht minder engagiert wie Biermann in der DDR zogen in der Bundesrepublik vor allem Franz Josef Degenhardt und Dieter Süverkrüp über die Staatsmacht her, freilich ohne Repressalien befürchten zu müssen. Auch für sie ist das Chanson in erster Linie ein Protest, ein Mittel, ihre Mitmenschen aus der Lethargie aufzuwecken. Dieter Süverkrüp und Franz Josef Degenhardt singen, weil »Gedanken heutzutage nicht mehr so sehr durch Bücher und Theater, sondern vielmehr durch Schallplatten und Rundfunk an die Masse gebracht werden können« – wie der amerikanische Folksinger Bob Dylan formulierte. Fern der Wandervogelromantik und ohne jenes Liedertafelmelos, das den jungen Deutschen oft den Zugang zum Chanson verstellt, mucken Degenhardt und Süverkrüp gegen die sich formierenden Konsum-Gesellschaften auf.

Ehe der westfälische Rechtsanwalt Degenhardt, Autor von mehreren Hörspielen und Romanen, in Universitätsaulen, im Rundfunk, im Fernsehen und für die Schallplattenindustrie singen durfte, spielte er in Kneipen und bei Polterabenden auf. Seine ersten Lieder dichtete und komponierte Degenhardt nach dem Justiz-Assessorenexamen. Auf einfache, von Folklore- und Jazz-Motiven durchsetzte Melodien mit »zum Nachsingen geeigneten Refrains« artikulierte er, was Nachbarn hinter der Gardine, die Fürsorgerin beim Hausbesuch, der Friseur beim Fassonschnitt hören und beobachten. Seine ersten Chansons nannte er Bänkelsongs, weil er die »für den Bänkelgesang charakteristische Mischung aus Schauer und Parodie weiter zu mixen versuchte«.

Von Anfang an stand Degenhardt musikalisch und thematisch unter drei Einflüssen: dem der Groteskpoesie Morgensterns, der deutschen Ballade der zwanziger Jahre (Tucholsky, Brecht) und unter den Gitarren-Chansons von Georges Brassens.

Das große Vorbild des Franzosen ist im Aufbau der Melodie, im Gitarrenklang, im zurückhaltenden, manchmal eintönigen Vortrag und in der Neigung zu anachronistischen Themen zu erkennen; jedoch auch in der Sehnsucht nach dem einfachen Leben, wie es im »Weintrinker« verdichtet ist.

Auf seinen ersten beiden Langspielplatten hat Degenhardt skurrile, diabolisch gefärbte Moritaten, lyrische Balladen und parodistische Milieuschilderungen zusammengetragen. Die oft manierierten, manchmal langatmigen Parabeln seiner frühen Chansons lassen Degenhardts Talent freilich nur in Ansätzen erkennen. »Was ich singe«, verlangte Degenhardt noch 1963, »soll nicht erregend neu sein, es soll schön klingen.«

Heute klingen seine Chansons zwar auch noch schön, doch sie sind aggressiver geworden, sie sind erregend neu und von einer »Ironie dritten Grades« (Degenhardt) durchsetzt. Die distanzierte Ironie scheint überhaupt ein Kennzeichen der Generation Degenhardts zu sein: Man denke an den Franzosen Jacques Brel, bei dem Ironie ebenfalls die Nicht-Anpassung an die Gesellschaft kompensiert.

Den Ekel vor der uniformierten Gesellschaft, vor der Großmannssucht, seinen Haß auf die Tabus und auf die »starre, sterile, lebenstötende Konvention« drückt Degenhardts Chanson »Der deutsche Sonntag« am schönsten aus. Das Lied beweist, daß Degenhardt kein weltfremder Idealist ist, wie der »Weintrinker« suggerieren könnte. Im Gegenteil – seine Chansons sind Dokumente über Sein und Schein in der Bundesrepublik.

Sonntags in der kleinen Stadt,
Wenn die Spinne Langeweile
Fäden spinnt und ohne Eile
Giftig-grau die Wand hochkriecht,
Wenn's blank und frisch gebadet riecht,
Dann bringt mich keiner auf die Straße
Und aus Angst und Ärger lasse
Ich mein rotes Barthaar stehn,
Laß den Tag vorübergehn,
Hock am Fenster, lese meine
Zeitung, decke Bein mit Beine,
Seh, hör und rieche nebenbei
Das ganze Sonntagseinerlei.

Dann treten sie zum Kirchgang an,
Familienleittiere voran,
Hütchen, Schühchen, Täschchen passend,
Ihre Männer unterfassend,
Die sie heimlich vorwärts schieben,
Weil sie gern zu Hause blieben.
Und dann kommen sie zurück
Mit dem gleichen bösen Blick,
Hütchen, Schühchen, Täschchen passend,
Ihre Männer unterfassend,
Die sie heimlich heimwärts ziehn,
Daß sie nicht in die Kneipen fliehn.

Wenn die Bratendüfte wehen,
Jungfraun den Kaplan umstehen,
Der so nette Witzchen macht.
Und wenn es dann so harmlos lacht,
Wenn auf allen Fensterbänken
Pudding dampft und aus den Schenken
Schallt das Lied vom Wiesengrund
Und daß am Bach ein Birklein stund,
Alle Glocken läuten mit,
Die ganze Stadt kriegt Appetit:
Das ist dann genau die Zeit,
Da frier ich vor Gemütlichkeit.

Wenn Zigarrenwolken schweben,
Aufgeblähte Nüstern beben,
Aus Musiktruhn Donauwellen
Plätschern, über Mägen quellen,
Hat die Luft sich angestaut,
Die ganze Stadt hockt und verdaut.
Woher kam der laute Knall?
Brach ein Flugzeug durch den Schall?
Oder ob mit'm Mal die Stadt
Ihr Bäuerchen gelassen hat?
Die Luft riecht süß und säuerlich.
Ich glaube, ich erbreche mich.

Denn geht's zu den Schlachtfeldstätten,
Um im Geiste mitzutreten,
Mitzuschießen, mitzustechen,
Sich für wochentags zu rächen,

Und im Chor Worte zu röhren,
Die beim Gottesdienst nur stören.
Schinkenspeckgesichter lachen
Treuherzig, weil Knochen krachen
Werden. Ich verstopf die Ohren
Meiner Kinder. Traumverloren
Hocken auf den Stadtparkbänken
Greise, die an Sedan denken.

Dann ist die Spaziergehstunde,
Durch die Stadt, zweimal die Runde.
Hüte ziehen, spärlich nicken,
Wenn ein Chef kommt, tiefer bücken.
Achtung, daß die Sahneballen
Dann nicht in den Rinnstein fallen.
Kinder baumeln, ziehen Hände,
Man hat ihnen bunte, fremde,
Fliegen – Beine ausgefetzt –
Sorgsam an den Hals gesetzt,
Daß sie die Kinder beißen solln,
Wenn sie zum Bahndamm fliehen wolln.

Wenn zur Ruhe die Glocken läuten,
Kneipen nur ihr Licht vergeuden,
Wird's in Couchecken beschaulich.
Das ist dann die Zeit, da trau ich
Mich hinaus, um nachzusehn,
Ob die Sterne richtig stehen.
Abendstille überall. Bloß
Manchmal Lachen wie ein Windstoß
Über ein Mattscheibenspäßchen.
Jeder schlürft nur rasch ein Gläschen
Und stöhnt über seinen Bauch
Und unsern kranken Nachbarn auch.

Sonntags in der kleinen Stadt,
Sonntags in der deutschen Stadt.

Seit Degenhardt den »Deutschen Sonntag« beschrieben hat, ist sein Ton
noch subversiver geworden. Zwar bekennt der Sänger: »Ich bin kein
politischer Mensch, ich weiß, ich habe zu wenig politische Leidenschaft.« In seinem Chanson »Adieu Kumpanen« gelingt dem kommuni-
stisch orientierten Degenhardt dennoch die Fixierung seines sozialisti-

schen Standpunktes. Der »Deutsche Sonntag« ist eine resignierende Feststellung, eine »Moritat übers Unveränderliche«, wie Klaus Budzinski in der Zeitschrift »Theater heute« schrieb. In »Adieu Kumpanen« proklamiert der Sänger: »Ich zieh in ein anderes Land.« Er mag das alles nicht – die breiigen »Sonntagsgespräche«, den Führungskräfteschweiß, die Todeszäune, die Hetze nach dem Job, den Jazz- und Sex-Rummel.

In diesem Lied spielt Degenhardt auch auf Wolf Biermann an. Mit Biermann verbindet ihn viel: die Tradition von Tucholsky und Brecht, die klare Architektur der Balladen, die Nüchternheit, die Skepsis einer Generation, der das Pathetische nicht liegt. Wolf Biermann stellt in seinen Liedern stets Forderungen an die Hörer. Beispielsweise: »... daß ihr den Sozialismus aufbaut!« Franz Josef Degenhardt und Dieter Süverkrüp tun es ebenso, denn auch sie wollen mit ihren Chansons dem Sozialismus, welchem auch immer, zum Siege verhelfen.

Dieter Süverkrüp, der 1934 geborene Düsseldorfer Graphiker, singt in Kirmeszelten, Hörsälen, auf den Ruhrfestspielen, bei den Veranstaltungen der Atombombengegner, beim Evangelischen Kirchentag, im westdeutschen Rundfunk und im ostdeutschen seine Chansons gegen die Mißstände der heutigen Gesellschaft. Seine Lieder, oft durch Sprechtexte unterbrochen, beschwören – freilich bisweilen mit vordergründigem Humor und kalauernden Wortspielen – die Gefahr der Kernkraft. Sie verhöhnen deutsche Wahlsonntage und den verwalteten Wohlstand.

Süverkrüp meuterte schon, als es noch keinen deutschen Ostermarsch gab. Ende der fünfziger Jahre ging der einstige Gitarrist der Düsseldorfer Jazzband »Feetwarmers« auf Deutschland-Tournee, um französische Revolutionslieder zu singen.

Die Welt singend davon zu überzeugen, daß sie sich ins Verderben stürzt, wenn sie die Atombombe und die Aufrüstung akzeptiert, bleibt das erste Ziel des militanten Pazifisten. Doch die üblicherweise recht groben Antibomben-Parolen verfeinerte Süverkrüp zum künstlerisch anspruchsvollen Protestgesang. Er verfremdete den Aufruf zur direkten Aktion gegen die Bombe mit Sprüchen ihrer Befürworter.

Süverkrüps Chansons enthalten alte Werbeslogans und »Bild-Zeitung«-Schlagzeilen – seine Pointen sind häufiger als bei Degenhardt der Aktualität entnommen.

Süverkrüp parodiert deutsches Säuferlallen und deutsche Gemütlichkeit, er singt vom »Kompromißmut« und dem »Korrumpelstilzchen«, er hechelt gegen die »Wiederverteidigung« und berichtet in seiner umfangreichsten Nummer – Titel: »Fröhlich ißt Du Wiener Schnitzel« – vom Notstands-Fall.

Fröhlich ißt Du Wiener Schnitzel
mit Salat und Pommes frites, der
Kellner stellt im Nebenraum den
Fernsehkasten an.
Der
Mann mit der korrekten Stimme
und dem dreigeteilten Deutschland
hinterm Rücken spricht so unbe-
irrbar – wie er kann.
Er
sagt, es seien alle Schritte
unternommen und es gebe
rein statistisch erhebliche Chancen.
Du bestellst ein Bier, der Kellner
geht ganz ruhig zur Theke hin und
macht der Wirtin versteckte Avancen.
Der
Mann mit der korrekten Stimme
sagt, daß der Minister sagt, ein
jeder solle angesichts der
Lage alles tun,
die
Ruhe aufrechtzuerhalten.
Und du siehst den Sprecher, der sich
nicht wie sonst beherrscht und blickt
wie ein verstörtes Huhn.
Und dir schwant, daß da was im Busch ist,
doch du siehst, daß sonst alles kusch ist.

Du bezahlst, der Kellner wischt den
Tisch ab, und du gehst schnell zur Drehtür.
Du betrittst die Außenwelt mit
einem Kloß im Bauch.
An den dünnen Fernsehantennen
klebt wie vergessener Birnensaft
die Verteidigungsbereitschaft.
Und am Himmel ist noch nichts zu erkennen.
Doch jetzt fängst du an zu rennen
durch die eigentümlich leeren
Straßen. In den Hauseingängen
siehst du Polizei
mit
scheu verhaltenen Gewehren.

Große Autos voll Soldaten
stehen auf dem nassen Marktplatz,
du gehst rasch vorbei.

Zu Hause deine Frau empfängt dich
mit so einem scheuen Lachen;
und die Kinder essen Karotten.
Und sie sagt: »Wir müssen etwas
unternehmen«, und dann sagst du:
»Pack auf jeden Fall die Klamotten.«

Und der Fernsehkasten dröhnt, der
Mann sagt milder jetzt, daß die unmittelbare Kriegsgefahr mit
nuklearem Schlag
vor-
bei sei, aber dennoch sei die
Lage unvermindert ernst und
in zwei Wochen tagte in Berlin der Bundestag.

Und die neuen Gesetze zur Lage
seien gültig mit heutigem Tage.
Notstandrechtlich werde jedermann verfolgt und inhaftiert, der
sich den Weisungen der Polizei entgegenstellt.

An den dünnen Fernsehantennen
klebt wie vergessener Birnensaft
die Verteidigungsbereitschaft.
Und am Himmel ist noch nichts zu erkennen.

Morgens bellt der Reise-Wecker
dich aus deinen grauen Träumen;
du ißt Frühstück, setzt den Hut auf
und gehst zum Betrieb.
Vor dem Stahlwerk, das an deinem
Weg liegt, siehst du viele Männer,
eine Kompanie rückt an, die
blindlings Feuer gibt.
Und
du entfliehst in einen Hauseingang,

und dir wird schwarz vor Augen.
Später hast du am Kopf eine Beule –
wenn du im Gefängnis aufwachst,
siehst du an den welken Wänden
Stahlnagelspuren der Langeweile.
Du kriegst Zigaretten und du
kannst dir Essen kommen lassen.
Später kommst du vor den Unter-
suchungsrichter hin.
Du stehst im Verdacht, daß du an
einem Streik beteiligt bist, der
nicht erlaubt war; und deswegen
sitzt du jetzt hier drin.

Aber dann darfst du wieder gehen,
allerdings nicht ganz unbesehen.
Täglich auf die Polizeidienst-
stelle mußt du in den nächsten
Wochen und beweisen, daß du
nicht geflohen bist.
Deine Frau erzählt dir abends,
wie der neue Untermieter
von Frau Jordan bei dem Streik er-
schossen worden ist.

Und die neuen Gesetze zur Lage
bleiben gültig noch viele, viele Tage.

Und du gehst ans Küchenfenster,
fragst dich, wie das Wochenende
werden wird. An dieser Stelle
bricht der Angsttraum ab:

An den dünnen Fernsehantennen
klebt wie vergessener Birnensaft
die Verteidigungsbereitschaft.
Und am Himmel ist noch nichts zu erkennen.

Süverkrüp nutzt – im Gegensatz zu Degenhardt, der sich meist in
Brassens-Manier auf der Gitarre begleitet – alle nur erdenklichen Mittel
zur Illustration seiner Texte; Jazzcombos werden ebenso einbezogen
wie Schlagerschmiß und Rock 'n' Roll-Rhythmus. Das hat er mit
Konstantin Wecker gemein, dem Münchner Liedermacher und Verbal-

provokateur. Ob dieser nun einen Recht- und Ordnung-Song oder eine der modischen Öko-Nummern anstimmt – er bringt sie quasi kulinarisch, mit Begleitung von Oboe und Fagott, Waldhorn und Posaune. Der Musikkritiker Wolfgang Thoma bestätigte ihm sogar die gekonnte Verwendung von »kammermusikalischen Strukturen« und »kontrapunktischen Partien« und nennt ihn den besten Musiker, den besten Texter und einen »begnadeten Interpreten«. Tatsächlich: Wecker ragt aus der Truppe dumpf klampfender und krächzender Öko-Barden weit heraus. Er läuft nicht blindlings einer Fahne hinterher, er lebt in Widersprüchen, und er besingt sie. Er ist der Stellvertreter der von der Politik enttäuschten Idealisten, aber auch der Barde der Zärtlichkeit und Sinnlichkeit. »Wecker-Fans«, schreibt Weckers Biograph Bernd Schröder, »sieht man in Konzerten weinen und die Faust ballen«:

Ich schreib für die, die zwischen allen Stühlen
Und ohne Trost ihr Leben packen,
Die Greifer, die in allen Tiefen wühlen
Und ab und zu genießerisch in sich versacken.

Ich schreib, verdammt noch mal, nicht um zu heilen,
Propheten hat's schon viel zuviel gegeben.
Ich möchte tauchen, taumeln und verweilen,
Nicht glücklich werden: sondern leben.

Den Krämern Kampf! Ich will mich spüren,
Wir sind nicht für das Nichts gemacht.
Ich schreib für die, die nie verführen,
Und für den Aderlaß der Macht.

Anhang

Literaturhinweise

Barbier, Pierre et Vernillat, France, *Histoire de la France per les chansons* – Gallimard (7 Bände), Paris 1957

Beauvais, Robert, *Guy Béart* – Seghers, Paris 1965

Béranger, Pierre-Jean de, *Lieb war der König, oh-la-la!* – aus dem Französischen übertragen von Martin Remané, damokles, Ahrensburg 1966

Berimont, Luc, *Félix Leclerc* – Seghers, Paris 1964

Biermann, Wolf, *Die Drahtharfe* – Wagenbach, Berlin 1965

Bonnafé, Alphonse, *Georges Brassens* – Seghers, Paris 1963

Brassens, Georges, Texte 1 – aus dem Französischen übertragen von Gerd Semmer, damokles, Ahrensburg 1963

Brassens, Georges, *Texte 2* – aus dem Französischen übertragen von Martin Remané, damokles, Ahrensburg 1965

Brel, Jacques, *Poèmes und Chansons* – aus dem Französischen übertragen von Heinz Riedel, damokles, Ahrensburg 1966

Bréton, Guy, *La chanson satirique de Charlemagne à Charles de Gaulle* – Librairie académique Perrin, Paris 1967

Bruant, Aristide, *Chansons 1* – aus dem Französischen übertragen von Martin Remané, damokles, Ahrensburg 1965

Bruant, Aristide, *Chansons 2* – aus dem Französischen übertragen von Martin Remané, damokles, Ahrensburg 1966

Budzinski, Klaus, *Linke Lieder* – Scherz, München 1967

Charpentreau, Jacques, *Georges Brassens et la poésie quotidienne de la chanson* – Edition du Cerf, Paris 1960

Charpier, Jacques, *François Villon* – Seghers, Paris 1958

Clouzet, Jean, *Jacques Brel* – Seghers, Paris 1964

Davenson, Henri, *Le livre des chansons ou introduction à la chanson populaire française* – Édition de la Baconnière, Neuchâtel 1945

Degenhardt, Franz Josef, *Spiel nicht mit den Schmuddelkindern* – Hoffmann & Campe, Hamburg 1967

Estienne, Charles, *Léo Ferré* – Seghers, Paris 1962

Hanoteau, Guillaume, *Saint Germain des Prés* – aus dem Französischen übertragen von Heinz Riedel, damokles, Ahrensburg 1968

Hiegel, Pierre, *Edith Piaf* – Edition de l'heure 1962

Montand, Yves, *Du soleil plein la tête* – Les éditeurs français réunis 1955

Monteaux, Jean, *Anne Sylvestre* – Seghers, Paris 1966

Perez, Michel, *Charles Trenet* – Seghers, Paris 1964

Piaf, Edith, *Mein Leben* – Rowohlt, Reinbek 1966

Prévert, Jacques *Gedichte und Chansons* – Nachdichtungen von Kurt Kusenberg, Rowohlt, Reinbek 1962

Rioux, Lucien, *Vingt ans de chansons* – Arthaud, Paris 1966

Ruttkowsky, Wolfgang Victor, *Das literarische Chanson in Deutschland* – Francke, Bern 1967

Sadoul, Georges, *Aragon* – Seghers, Paris 1967

Salgues, Yves, *Charles Aznavour* – Seghers, Paris 1964

Semmer, Gerd, *Ça Ira! Chansons aus der Französischen Revolution* – aus dem Französischen übertragen vom Herausgeber, damokles, Ahrensburg 1964

Sigaux, Gilbert, *Léo Ferré* – Editions de l'heure, 1962

Quellennachweis

Schallplattenverzeichnis

(Aufgenommen ist eine Auswahl der z. Z. in der Bundesrepublik erhältlichen Platten)

Charles Aznavour
Profile – Charles Aznavour (Telefunken 6.24020)
Barbara
Barbara – Edition La Chanson Vol. III (Philips 9198 362)
Barbara No. 2 (Philips 6332 104)
Gilbert Bécaud
Collection – Gilbert Bécaud (EMI 028-72455)
Supergold – Gilbert Bécaud (EMI 134-72141/42)
Wolf Biermann
Wolf Biermann (Ost) zu Gast bei Wolfgang Neuss (West) (Philips 843 742)
Warte nicht auf beß're Zeiten (CBS 65 753)
Aah – ja (CBS 80 188)
Chausseestraße 32 (CBS 80 798)
Liebeslieder (CBS 80 982)
Es gibt ein Leben vor dem Tod (CBS 81 259)
Der Friedensclown (CBS 82 262)
Trotz alledem (CBS 82 975)
Das geht seinen sozialistischen Gang (CBS 88 224)
Hälfte des Lebens (CBS 83 922)
Eins in die Fresse, mein Herzblatt (CBS 88 502)
Leben, kämpfen, Solidarisieren (Trikont US 12)
Georges Brassens
Georges Brassens – Edition La Chanson Vol. I (Philips 9198 360)
Georges Brassens par excellence! (Philips 72 CX 253, 2 LP)
Chansons de 1952 à 1956 (Philips 6641 956, 3 LP)
Chansons de 1956 à 1961 (Philips 6641 957, 3 LP)
Chansons de 1961 à 1966 (Philips 6641 958, 3 LP)
Chansons de 1966 à 1976 (Philips 6641 959, 3 LP)
Jacques Brel
Jacques Brel – Edition La Chanson Vol. II (Philips 9198 361)
Greatest Hits (Philips 9279 027)
Quand on a que l'amour (Impact 6995 101, 2 LP)
Jacques Brel, Intégrale des chansons de 1954 à 1962 (Philips 6641 935)
Concert à l'Olympia (Philips 9279 001)
Maurice Chevalier
Maurice Chevalier – Edition La Chanson Vol. IX (Philips 9198 368)
Franz Josef Degenhardt
Spiel nicht mit den Schmuddelkindern (Polydor 237816)
Väterchen Franz (Polydor 237829)
Wenn der Senator erzählt (Polydor 237834)
Degenhardt Live (Polydor 249268)
Im Jahr der Schweine (Polydor 249331)

Porträt. Franz Josef Degenhardt (Polydor 2638009)
Die Wallfahrt zum Big Zeppelin (Polydor 2371138)
Mutther Mathilde (Polydor 2371254)
Kommt an den Tisch unter Pflaumenbäumen (Polydor 2371380)
Mit aufrechtem Gang (Polydor 2371599)
Wildledermantelmann (Polydor 2371728)
Der frühe Degenhardt (Polydor 2630089, 4 LP)
Liederbuch (Polydor 2630105, 2 LP)
Der Wind hat sich gedreht im Lande (Polydor 2372008)
Léo Ferré
L'album d'or Léo Ferré (CBS 63 389)
Léo Ferré chante ses premières chansons (CdM/Pläne LP LDX 4351 G)
Serge Gainsbourg
La chanson de Prévert (Philips 6620 016, 2 LP)
Enregistrement public au Théatre Le Palace (Philips 6681 013, 2 LP)
Juliette Gréco
Jueliette Gréco – Edition La Chanson Vol. XI (Philips 9198 370)
Juliette Gréco (Impact 6886 138)
A Portrait of Juliette Gréco (Phonogram 9279 030)
Yves Montand
Yves Montand – Edition La Chanson Vol. IV (Philips 9198 363)
Yves Montand (CBS 66 208)
D'hier et d'aujourd'hui (Philips 9101 289)
Monique Morelli, s. François Villon
Walter Mossmann
Flugblattlieder (Trikont US 10)
Neue Flugblattlieder (Trikont US 31)
Frühlingsanfang (Trikont US 53, 2 LP)
Mouloudji
Mouloudji – Edition La Chanson Vol. VIII (Philips 9198 367)
Patachou
Patachou – Edition La Chanson Vol. X (Philips 9198 369)
Edith Piaf
Edith Piaf – Edition La Chanson Vol. VI (Philips 9198 365)
Monsieur Saint-Pierre (Philips 6680 256, 2 LP)
Edith Piaf (Impact 6995 105, 2 LP)
Piaf (EMI 038 EMD 15 304 M)
Ihre großen Erfolge (EMI 048 12 923 M)
Portrait of Piaf – 25 of her Greatest Hits (EMI 152 12676/77)
Magnifique Edith Piaf (EMI 148 11 230/31 M)
Les plus grands succès (EMI 062 10 433 M)
Jacques Prévert
Chansons de Jacques Prévert (CdM/Pläne LP LDX 4348 G)
s. a. Serge Gainsbourg
Dieter Süverkrüp
Ça ira – Lieder der Französischen Revolution (Pläne LP S 11 101 G)
Fröhlich ißt du Wiener Schnitzel (Pläne LP S 22 301 G)
Die widerborstigen Gesänge des Dieter Süverkrüp (Pläne LP S 22 302 G)

Süverkrüps Hitparade (Pläne S 22 303 G)
Süverkrüp Live (Pläne LP S 22 304 G)
Boris Vian
Boris Vian – Edition La Chanson Vol. V (Philips 9198 364)
François Villon
François Villon, Monique Morelli (CdM/Pläne LP LDX 74 496 G)
François Villon und das große Testament (Pläne LP 865 015 F)
Konstantin Wecker
Ich lebe immer am Strand (Polydor 2371522)
Ich singe weil ich ein Lied hab (Polydor 2371575)
Weckerleuchten (Polydor 2371677)
Genug ist nicht genug (Polydor 2371677)
Eine ganze Menge Leben (Polydor 2371900)
Liederbuch (Polydor 2371900, 2 LP)
Live (Polydor 2264239, 2 LP)
Sammelprogramme
Paris, mon amour (Philips 6683 013, 2 LP)
24 chansons d'or (Philips 6620 049, 2 LP)

Register

Musik- und Liederbücher
Zwischen Power und Poesie

Folksongs aus Amerika
Herausgegeben von Carsten Linde
Texte und Noten mit Begleit-Akkorden. *Band 2969*
Carsten Linde, einer der besten Kenner der amerikanischen
Folkmusic, hat in diesem Band traditionelle amerikanische Folk-
songs zusammengestellt, deren Spektrum von Tramp- und Rail-
road-Songs, Cowboy- und Worker-Songs, Balladen über berüch-
tigte Banditen bis hin zu Liebes- und Wiegenliedern reicht.

Don Paulin
Das Folk-Music-Lexikon. *Band 2958*
Kurzbiographien von über hundert Folk-Musikanten, Folk-
Gruppen und Liedermachern, Begriffserklärungen, weiterfüh-
rende Diskographie, Adressen von Platten-Produzenten und
-Versendern, Bibliographie und Register: Dieses Lexikon gibt
einen gründlichen Einblick in die so vielfältige und lebendige
internationale Folk-Scene.

Thomas Rothschild
Liedermacher
23 Porträts. *Band 2959*
Der Begriff ist neu (von Wolf Biermann), nicht die Zunft: Die
»Liedermacher« stehen in einer Jahrhunderte alten, manchmal
gebrochenen Tradition von Dichter-Sängern, deren Ziel es schon
immer war, zum Nachdenken anzuregen, ihren Zeitgenossen die
Augen zu öffnen.

Peter Urban
Rollende Worte – die Poesie des Rock
Von der Straßenbahnballade zum Pop-Song
Band 3603

Udo Vieth/Michael Zimmermann
Reggae
Musiker – Rastas – und Jamaica
Mit zahlreichen Fotos
Band 2965

Fischer Taschenbuch Verlag

Lieder

Texte und Noten
mit Begleit-Akkorden

Frank Baier / Detlev Puls (Hrsg.)
Arbeiterlieder aus dem Ruhrgebiet
Band 2962

Carl Michael Bellmann
Sauf-, Liebes- und Sterbelieder
Band 2961

Rolf W. Brednich (Hrsg.)
Erotische Lieder aus 500 Jahren
Band 2953

Cesar Bresgen
Europäische Liebeslieder aus acht Jahrhunderten
Band 2964

Alfons Michael Dauer (Hrsg.)
Blues aus 100 Jahren
Band 2952 (in Vorbereitung)

Hai & Topsy Frankl (Hrsg.)
Jiddische Lieder
Band 2960

Gert Heidenreich (Hrsg.)
Das Kinder-Lieder-Buch
Band 2966

Fischer
Taschenbücher

Lieder

Texte und Noten
mit Begleit-Akkorden

Walter Heimann / Ernst Klusen (Hrsg.)
Kritische Lieder der 70er Jahre
Band 2950

Frederik Hetmann (Hrsg.)
Irische Lieder und Balladen
Band 2954

Ernst Klusen (Hrsg.)
Volkslieder aus 500 Jahren
Band 2951

Inge Latz (Hrsg.)
Frauen-Lieder
Band 2957

Walter Scherf (Hrsg.)
Räuber- und Landknechtslieder
Band 2963

Oswald von Wolkenstein
Lieder aus dem Mittelalter
Band 2955

Fischer
Taschenbücher

Lyrik

Ilse Aichinger
verschenkter Rat
Gedichte. Band 5126

Vicente Aleixandre
Gesicht hinter Glas
Gedichte/Dialoge. Band 2255

Rose Ausländer
Im Atemhaus wohnen
Gedichte. Mit einem Nachwort von Jürgen Serke
Band 2189

Wolfgang Bächler
Ausbrechen
Gedichte aus 20 Jahren
Band 5127

Hans Bender (Hrsg.)
In diesem Lande leben wir
Deutsche Gedichte der Gegenwart
Band 5006

Heribert Breidenbach
Leben mit Gedichten
Epochen deutscher Lyrik vom Barock
bis zum Expressionismus
Beispiele und Interpretationen
Band 2194/in Vorbereitung

Gisela Brinker-Gabler (Hrsg.)
Deutsche Dichterinnen vom 16. Jahrhundert
bis zur Gegenwart
Gedichte – Lebensläufe. Band 1994

Charles Bukowski/Carl Weissner
Terpentin on the rocks
Die besten Gedichte aus der amerikanischen
Alternativpresse 1966–1977
Band 5123

Fischer Taschenbuch Verlag

Lyrik

Paul Celan
Die Niemandsrose / Sprachgitter
Gedichte. Band 2223

Das deutsche Gedicht
Vom Mittelalter bis zum 20. Jahrhundert
Band 155

Odysseas Elytis
To Axion Esti –
Gepriesen sei
Gedichte und Prosa des griechischen
Nobelpreisträgers
Band 5029

Erich Fried
Warngedichte. Band 2225

André Heller
Sie nennen mich den Messerwerfer
Lieder. Worte. Bilder
Band 1466

Stephan Hermlin
Gesammelte Gedichte. Band 5125

Erich Kästner
Die kleine Freiheit
Chansons und Prosa. Band 1807

Der tägliche Kram
Chansons und Prosa. Band 2025

Michael Krüger
Diderots Katze
Gedichte. Band 2256

Günter Kunert
Verlangen nach Bomarzo
Reisegedichte. Band 5018

Fischer Taschenbuch Verlag

Lyrik

Reiner Kunze
Zimmerlautstärke
Gedichte. Band 1934

Christoph Meckel
Säure
Gedichte. Band 5122

Edgar Neis (Hrsg.)
Gedichte über Dichter
Band 2156

Fritz Pratz (Hrsg.)
Deutsche Gedichte von 1900 bis zur Gegenwart
Band 2197

Thomas Rothschild (Hrsg.)
Von großen und kleinen Zeiten
Politische Lyrik von den Bauernkriegen
bis zur Gegenwart. Band 5124

Ralf-Rainer Rygulla (Hrsg.)
Fuck you!
Underground-Gedichte
englisch-deutsch. Band 2254

Fischer Taschenbuch Verlag

Joachim E. Berendt

Das große Jazzbuch
Von New Orleans bis Jazz Rock
508 Seiten. 28 Abbildungen. Ppbd.
Das Standardwerk über den Jazz

Joachim E. Berendts Jazzbuch, das in 18 Sprachen übersetzt wurde
und eine Gesamtauflage von über eine Million Exemplare erreicht
hat, liegt hier in einer vollständigen Neubearbeitung vor. Rund
140 Musiker wurden neu aufgenommen und die Geschichte des Jazz
bis zum Jazz Rock und Free Funk der 80er Jahre fortgeschrieben.
Ergänzt wird der Band durch eine auf den neuesten Stand gebrachte
Diskographie.

Photo-Story des Jazz
356 S. mit 370 Fotos, Register und Diskographie

Jazz ist optische Musik. Erstmals wird hier Jazzgeschichte visuell
verdeutlicht. Am Ende konstatiert der erstaunte Betrachter, daß er
Wesen und Entwicklung des Jazz noch nie so mühelos, so gleichsam
nur »zuschauend« erfahren konnte. In 370 einzigartigen Fotos von
den berühmtesten Jazz-Fotografen der Welt wird die Geschichte des
Jazz erzählt – von New Orleans und vom Spiritual an bis zum Jazz-
Rock der heutigen Szene.
Dieses Buch ist ein großes, mitreißendes Jazz-Festival!

Ein Fenster aus Jazz
Essays, Portraits, Reflexionen
Überarbeitete und erweiterte Ausgabe
Mit 67 Fotos
Fischer Taschenbuch Band 3002

Jazz-Literatur in Deutschland ist fest mit dem Namen Joachim
E. Berendt verbunden. In ›Ein Fenster aus Jazz‹ nimmt er die längst
fällige kulturkritische Einordnung des Jazz vor. An einer Fülle von
Themen verdeutlicht Berendt die Bezüge des Jazz zu anderer Musik,
zur Religion, zu Politik und Gesellschaft.
Daneben stehen faszinierende Portraits von Musikern. Den Mittel-
punkt des Bandes bildet eine »Kleine Geschichte des deutschen
Nachkriegsjazz«. Auch als Jazztourist ist der Autor unterwegs und
berichtet unter dem Motto »Jazz meets the World« über Musik in
Brasilien, im kreolischen Raum und über »Das Wunder Bali«.
Zum Schluß macht Berendt in seinem ›Brief an einen jungen
Jazzkritiker« mit den Schwierigkeiten der Jazz-Szene bekannt und
stellt eine Prognose: »Wie geht es weiter? – Vom Jazz der achtziger
Jahre und vom Ende des Avantgardismus«.
Dieser Band ist auch als gebundene Ausgabe im S. Fischer Verlag
lieferbar (428 Seiten, Leinen).

Wolfgang Krüger Verlag

Fischer Film Almanach
Filme · Festivals · Tendenzen

Der Fischer Film Almanach bietet dem Filminteressierten jährlich eine lückenlose Dokumentation aller innerhalb eines Jahres in der Bundesrepublik erst- bzw. uraufgeführten Filme. Daneben gibt dieses informative Kompendium einen Überblick über die Preisträger der wichtigsten Filmfestivals von Berlin bis Cannes und beschäftigt sich in jedem Band schwerpunktmäßig mit einem filmpolitischen Thema.

Band 3657

Band 3665

Band 3674

Fischer Taschenbuch Verlag